Valerio Tovar Martinez

Cuentos proscritos

Valerio Tovar Martínez

Valerio Tovar Martinez

"Para los discípulos de Luis Alfonso León Pereira Sacerdote alcalde de Montería, asesinado por un indigente mientras celebraba el Santo oficio gritándole, "Usted es el demonio y yo soy Dios,"

Valerio Tovar Martinez

Valerio Tovar Martinez

Prologo

Colombia es un país lleno de magia y de misterio en donde no existe un solo lugar que no se distinga por sus propias supersticiones. Inmersa así la imaginación del escritor Cordobés Valero Tovar Martínez en las historias que han venido pasado de boca en boca al largo de los siglos asustando a las crédulos y enseñando a chicos y grandes, las suyas quizá como su apellido lo indica, expulsadas del escenario donde se desarrollan por atrevidas, profanas y diabólicas, nos va llevando con sutileza de creyente de lo que narra, por los intricados laberintos de sus Cuentos proscritos, donde aún habitan La Llorona, el hombre bufeo, el hombre caimán, el cura sin cabeza   o la Mojama, todos al galope relinchando por los caminos de la costa colombiana desde el legendario Mompós hasta las hendiduras de las piedras de la milenaria Cartagena de Indias..

Es allí en un lugar llamado Clemencia cuando "después de una mala noche, el agorero se despertó con la sensación terrenal de morirse ese día soleado de enero, "dispuesto a organizar su propio funeral y asegurarse de no volver a resucitar. Era el único ser sobre la tierra que podía experimentar infinidad de veces la acción liberadora de la muerte y el retorno degradante a la vida. Personaje fáustico es este conocedor de su capacidad para ser algo más que un simple mortal. Regido por fuerzas sobrenaturales, en él se encarna una nueva versión de la lucha de Dios contra Satanás.

"Usaba el griego antiguo que hablaban los augures de Delfos cuando hablaba que el destino de los hombres viene definido desde mucho antes de nacer; y cuando hablaba que debíamos poner la otra mejilla, usaba el Arameo la lengua de Jesús. Cuando se aseguraba que sus ideas habían sido bien entendidas, las repetía en el lenguaje de la región". "Tildado de loco, porque no podían entender la magnificencia de sus predicciones y lo certero de sus juicios, solo unos pocos podían interpretar sus palabras y buscar alivio a sus miedos y temores con sus sabios consejos que les permitían entender su pasado y conocer su futuro. ¨

Desde esta visión mitológica veremos entonces desenvolverse en un escenario de fascinantes giros narrativos, lúdicos y dramáticos con cierto aire de burla, la fuerza del personaje y su trascendencia en la vida de los habitantes de Clemencia quienes asistirían a sus funerales "solo para darle palmadas en la cara para saber si en verdad estaba muerto o era una trapisonda de borracho para hacerlos llorar y después regresar más vivo que nunca. "Y esperarían seguros de su regreso y recordarían su historia cada uno desde su visión personal del Bien y el Mal.

Sentían que despojado de su cuerpo y liberado por la muerte disfrutaría de la ingravidez de su existencia, atrapado en la inmediatez de lo eterno que le permitía desplazarse sin moverse en el recóndito mundo de los durmientes esperando el impulso divino que lo devolviera de nuevo al mundo de los vivos donde existe el dolor y la desesperanza.

Es precisamente a ese mundo en donde muy seguramente vive para siempre el ya legendario señor de la vida, que llega el Maligno, Fausto y Mefistófeles. Fausto, en su reedición costeña de la lucha de Satán contra el orden establecido, y Nefasto, El Maligno.

Encarnados Fausto y Nefasto en seres comunes y corrientes, nativos del Sinú, en los inmigrantes turcos y libaneses dueños de las fincas ganaderas y lecheras de la región, en sus mujeres y en sus hijos, y entre ellos Pupo Villa, "consciente de la tragedia que se avecinaba y que marcaría por siempre su destino de niño despreciado e insatisfecho con su cuerpo y con su alma. «Sellemos este pacto» le diría Mefisto aquella noche sin estrellas y sin luna que sellaría por siempre el destino de un hombre que había vendido su alma."

Valerio Tovar Martinez

Señor de la Oscuridad, buscó en su alma rastros de grandeza y solo halló el pantano putrefacto de su desgracia; trató de encontrar el menor rescoldo de amor y piedad en su corazón y solo vio el veneno viscoso que lo consumía lentamente. Hoy, por el frente a la hacienda de Pupo Villa pasa una moderna autopista donde cada año, siguiendo los meses lunares, ocurren fatídicos e inexplicables accidentes de tránsito. La gente dice que no es más que Pupo Villa pagando los intereses de su pesada deuda.

"Todavía se siente la presencia del pactante defraudado que expresa su enojo por la devastación que reina en unas de las haciendas más prósperas del Caribe, en cuyas extensas praderas donde había pastado el ganado y en la que solo quedan lúgubres pantanos donde ni los reptiles quieren morar. "

Valerio Tovar Martinez

Joseph Berolo

Valerio Tovar Martinez

El agorero de Clemencia

lo sabía porque por primera vez en su ya larga existencia entre nosotros sentía el impulso animal de comerse las guayabas que maduraban en los patios de sus vecinos; había vivido más de ochenta años sin alimentarse ingiriendo solamente botellas de ron blanco, no solo para emborracharse sino para eliminar la pequeña flora que brotaba de sus tripas en desuso; se levantó de la cama con impulso juvenil que le hizo traquear todos los rincones de su delgado , frágil y desgastado cuerpo; bajo su piel se podían ver las coyunturas, los entramados de sus articulaciones en medio de una sarta de tendones.

Valerio Tovar Martinez

Ya de pie, vio y respiró profundamente el olor a guayaba madura que se filtraba en la habitación mezclado con los llameantes rayos del sol que penetraban por los huecos del oxidado techo de zinc; se acercó despacio a la ventana para ver y oler de cerca el tenue perfume de las frutas que le habían despertado con una vana y primitiva sensación de alimentarse; su naturaleza le permitía no solo oler sino ver las tonalidades que de la fruta en maduración.

Vivía solo en un vetusto templo construido con sus propias manos y la ayuda de algunos lugareños que acudieron cuando había que mover materiales pesados y cumplir tareas que exigían la fuerza de muchos. Aún se podían ver en las paredes las huellas petrificadas de sus dedos cuando el cemento le ganó la carrera y no le dio tiempo de alisar la superficie.

Luego de respirar profundo, llegó a tientas hasta la puerta del dormitorio, llorando con un llantico de perrito abandonado; las lágrimas empaparon su rostro, desfigurando la ternura de su cara dándole un aspecto de desamparo. Parecía que así había sido siempre y su espíritu había tomado muchos cuerpos en su ya larga existencia; hablaba todas las lenguas muertas y vivas porque había vivido entre los hablantes de todas las culturas y de todos los tiempos; tenía la extraña propiedad de generar sus pensamientos en un impulso primario que después vocalizaba en el idioma que más se acomodaba a la naturaleza de la idea que quería expresar. Por eso, cuando hablaba a sus seguidores, mezclaba muchas veces su precario castellano con el Arameo o el Ciriaco. Sus escuchas, angustiados, le pedían que ordenara sus ideas y les repitiera sus sentencias, pero solo en su idioma.

Cuando se aseguraba que sus ideas habían sido bien entendidas, las repetía en la lengua original. Usaba el griego antiguo que hablaban los augures de Delfos cuando hablaba que el destino de los hombres viene definido con nosotros desde mucho antes de nacer; y cuando hablaba que debíamos poner la otra mejilla, usaba el Arameo la lengua de Jesús. Muchos de sus seguidores, que en su mayoría estaban atrapados en la ignorancia y desconocían la grandeza de su ser, se alejaban de su presencia creyendo que estaban escuchando un loco que los había confundido con su retahíla incoherente y su jeringonza desconocida que les provocaba mayor confusión de la que ya tenían, porque no podían entender la magnificencia de sus predicciones y lo certero de sus juicios. Solo unos pocos podían interpretar sus palabras y buscar alivio a sus miedos y temores con sus sabios consejos que les permitían entender su pasado y prepararse para lo que les trajera el futuro.

El hombre, por su naturaleza terrenal está protegido por el olvido que lo libra de recordar la tragedia de sus muchas vidas anteriores y la angustia que representa mantenerse vivo en los escabrosos retos que le imponen los inciertos designios de su destino; la acción liberadora que viene con la muerte despoja al hombre de toda memoria para convertirlo de nuevo en un papel en blanco, en una nueva página que se escribirá con las nuevas vivencias de antemano trazadas. Él. que tenía la facultad de reencarnarse en otros cuerpos y había experimentado la transformación renovadora de continuar existiendo, sin estar vivo, sabía que se aproximaba el momento de morir, lo presentía porque lo invadían las necesidades repetitivas que tienen los vivos; por primera vez en mucho tiempo, su maltratado cuerpo experimentaba la imperiosa necesidad de alimentarse, signo inequívoco que la fragilidad de sus miserias corporales que sucumbían ante el impulso cambiante y transformador de todo lo que existe sobre la tierra.

El agorero vivía entre nosotros con la extraña propiedad de recibir las señales del exterior que le llegaban primero a su ser espiritual en donde, liberado de la tiranía de la carne que disgrega la realidad al acomodo de los vivos que solo pueden percibir los vestigios de una esencia inescrutable; poseedor de una naturaleza superior con una conciencia expandida que no usaba la grosera materia cerebral para elaborar juicios y crear el pensamiento, podía conectarse directamente con la inteligencia superior que le permitía experimentar un entorno diferente semejante a los sueños en donde podía ver los sabores, oler los colores y percibir los sentimientos con la inmediatez del durmiente, espacio donde reina la intemporalidad y las impresiones e ideas fluyen liberadas del contorno cerebral del pensante.

Había experimentado la acción liberadora de la muerte muchas veces, pero esta vez lo asaltaba la nostalgia del que se va y deja a la deriva a su gente caribe. Había aparecido entre ellos con la misma apariencia física de los descendientes de esclavos que llegaron a Cartagena de Indias; era delgado y frágil, su túnica blanca y su turbante de beduino resaltaba la piel negra que se esforzaba en contener la maraña de sus frágiles huesos dándole una apariencia de devastación: le costaba trabajo mantenerse en pie en las tardes de ese enero de vientos ciclónicos que amenazaban con volver su ropaje de clérigo en una vela marina e impulsarlo sin piedad contra las cercas de alambre de púas que circundaban los patios vecinos.

Esa mañana, convencido que había perdido el dominio sobre su desgastado cuerpo que por más de setenta años había resistido los abusos de aquel faquir del Caribe, que lo sometía a las más duras pruebas de resistencia donde ningún asceta o cenobita había llegado. Era célibe por naturaleza porque no tenía la necesidad de contener el instinto animal de reproducirse ya que su perennidad no necesitaba de vástagos descendientes regados por la tierra. Su cuerpo tenía la extraña propiedad de alimentarse de la extraña flora que prosperaba sin control en sus intestinos y su crecimiento solo era controlado por el aguardiente barato que ingería en vez de agua y que no solo lo mantenía borracho, sino que le servía para mantener su cuerpo hidratado. Su órgano varonil solo le servía para la expulsión de un líquido rosado que pocas veces se acumulaba en su vejiga y que al expulsarlo tenía un olor a rosas marchitas.

Era el único ser sobre la tierra que podía experimentar infinidad de veces la acción liberadora de la muerte y el retorno degradante a la vida; tenía la facultad de recordar todos los sucesos ocurridos en su ya larga existencia; percibía el tiempo de una manera muy distinta a la de los que están vivos, conservaba los recuerdos de muchas vidas sin lugar ni espacio en la gran memoria sideral; podía encadenar sus vivencias sin hacer uso de los hitos geométricos del tiempo; todo lo vivido se le aparecía de manera instantánea sin ocupar la limitada capacidad cerebral del pensante: todas las impresiones de lo vivido emergían de manera instantánea en una inefable dimensión donde tiempo y espacio no existen, solo la perenne emanación de todo lo que le ocurrió y todo lo que estaba por sucederle; por eso se movía entre nosotros con la seguridad del infalible de quien ya había vivido el presente y la certeza del que sabe que el azar no existe para que se dé el inevitable futuro.

Sintió leves temblores en su cuerpo; reconoció en ellos el inequívoco aviso de la muerte que estremecía su cuerpo en sutiles ráfagas de espasmos y temblores; se dirigió hacia el pequeño patio que le servía de lugar de meditación en las noches y de baño por las mañanas: llegó hasta la palangana de aluminio llena de agua que dejaba en las noches a la intemperie para que el líquido recibiera el influjo luminoso de las estrellas. Así, al bañarse en la mañanas, su cuerpo se purificaría con las emanaciones cósmicas atrapadas en el líquido cuyas trazas fulgurantes solo él podía ver; vio su reflejo en el agua, distinguió la parte de él que se preparaba para morir; no reconoció como suyos los lánguidos ojos que se observaban a sí mismos en aquel reflejo engañoso que mostraba a una mirada apagada por el tiempo y sometida por los mandatos perecederos de la carne; desde su interior, sus fuerzas existenciales se acrecentaban a medida que su cuerpo se debilitaba; sintió el impulso incesante de su presencia que se preparaba para seguir existiendo a pesar de la muerte.

Valerio Tovar Martinez

Se bañó despacio y con cuidado, lavó con estropajos sus miserias, orinó sobre sus rodillas y sintió el líquido rosado rodar por su piel; vio su reducido órgano de hombre que se había conservado inmaculado vencido por la gravedad; llegó desnudo hasta el salón donde recibía a sus fieles, abrió un viejo baúl de madera donde guardaba sus escasas pertenencias, eligió su mejor túnica elaborada con fino lino blanco que sus amigos más cercanos le habían regalado el día de su cumpleaños, se ciñó el cordón rematado con hermosas borlas doradas que le daban una apariencia clerical, salió hasta la puerta y con todas las fuerzas que pudo gritó: ¡Pelencho! ¡Pelencho!

Conociendo el carácter dictatorial de su jefe, Pelencho acudió con las prisas del recluta cuando es llamado a formación, se detuvo en el umbral a la espera de la señal que lo autorizara a ingresar al templo donde lo esperaba una figura irreconocible magnificada por su elegancia y devastada por la tristeza, espero la señal que le indicaba que podía ingresar; se persignó y llegó a su lado. "Prepara todo que me voy a morir" oyó que le dijo.

Siguiendo las instrucciones precisas que había recibido repetidas veces, Pelecho llamó a los vecinos juntos subieron presurosos las escaleras que conducían a la pequeña torre del templo que ahora servía de depósito de chécheres no de mirador inspirador como fue la intención inicial de su constructor. Entre todos removieron los nidos de las palomas con huevos y polluelos que habían sido construidos sobre el ataúd que esperaba ser usado el día que la muerte llegara y les diera para que "el vivo" organizara la solemnidad de su muerte.

Bajaron las escaleras en medio de la alharaca de las palomas que salían despavoridas por los ventanales; llegaron al pequeño salón donde los esperaba imperturbable "el vivo" que se preparaba para morir; ordenó que colocaran el féretro sobre los tanques plásticos de construcción que aún conservaban las costras petrificadas de la mezcla de cemento que les daba fortaleza para soportar el peso del cajón y del muerto. Se dieron cuenta que el excremento de las palomas había creado una pasta cristalizada sobre la superficie y que al tratar de retirarla se venía la pintura dejando al descubierto la madera de cedro con la que los carpinteros del lugar lo hicieron a la medida "del vivo". Este prefirió dejarlo así, solo que retiraran la paja de los nidos, las cáscaras de los huevos, los restos de los polluelos que no alcanzaron a recibir el don de la vida porque sucumbieron al apetito voraz de sus hermanos que le ganaron la partida en la rebatiña diaria de semillas regurgitadas. Retiraron las plumas atrapadas por el pegante natural de los deshechos de las aves que habían tomado por vivienda el lugar de descanso de un muerto. Al terminar, se dieron cuenta el estado deplorable del ataúd que le restaba dignidad a su dueño. "No importa¡¡ déjenlo así lo importante es que su interior está intacto y limpio y es ahí donde me voy a morir y no en la tapa.

Se tomó hasta la mitad la botella de aguardiente anisado que sus fieles le llevaban los domingos, arrugó la cara con todas sus fuerzas como respuesta al pesado sabor de alcohol barato que hasta bebedores empedernidos como él sufrían con la candela viva que les quemaba las entrañas desde el primer trago. Cuando s rostro recobró su expresión normal, les dijo:

"Hasta los inmortales como yo se asustan con la presencia de la muerte… es mejor esperarla borracho, porque los borrachos y los locos son los únicos que no saben lo que hacen ni lo que les espera."

Escogió su mejor turbante, uno de satín marino que le venía bien para la ocasión, vio su reflejo en la botella – No me voy a afeitar; ¡para que! ¡total a los muertos les siguen creciendo las barbas.

Se acercó a uno de ellos y le dijo, "ve y riega la noticia de mi muerte, dígale a la gente que vengan para que me recuerden vivo y se compadezcan de mi cuando me vean muerto."

Después de hacer malabares de alineación y pruebas de resistencia con los tanques de albañilería, decidieron que ya podían alzar al vivo para que se subiera sin peligro y ocupara su lugar en espera de la muerte sin temor a que las improvisadas bases cedieran ante la cantidad de curiosos y seguidores que llorarían la partida de su más grande maestro que había tenido la mala idea de morirse cuando ellos más lo necesitaban.

Les hizo señas a Pelencho y a los otros para que lo subieran; no fue necesaria la ayuda de nadie porque Pelencho lo cargó sin esfuerzo hasta colocarlo al interior del féretro, lo acomodó con cuidado, le arregló la túnica y con una ternura casi infantil le acarició las mejillas en señal de despedida; se dieron cuenta que en los últimos años se había encogido porque quedaba mucho espacio entre sus pies. "¡La tierra te llama! exclamó, por eso los viejos se encojen y los más resistentes se joroban".

Se dejó acomodar hasta que su posición le dio la grandeza solemne de un muerto de su talla; se tomó el resto de aguardiente que quedaba en la botella, la aprisionó entre sus manos sobre su pecho y con un gesto de desprendimiento vio que su alma abandonó el frágil cuerpo. Se vio desde lo alto con su botella vacía sobre su pecho, sintió la ingravidez de su existencia, se reconfortó con la liberación del peso de estar vivo, vio con los ojos de su alma a la gente que empezaba a llegar dándole palmadas en la cara para saber si en verdad estaba muerto o era una trapisonda de borracho para hacerlos llorar y después regresar más vivo que nunca; vio salir a las mujeres con las manos en la cabeza convencidas que era verdad que estaba muerto; vio a las palomas retornar para reconstruir sus nidos y salvar a sus polluelos; sintió que se movía impulsado por una fuerza que no controlaba, solo sabía que se movía acompañado por una presencia que no podía ver; escuchaba una voz de mujer que le trasmitía seguridad y el hálito misterioso de su presencia que lo conducía hacia los confines de un cielo estrellado y luminoso que los rodeaba; luego sintió que descendían. Se desprendió de aquel influjo maternal que lo enternecía, reconoció el lugar donde llegaban porque ya había estado antes allí.

Valerio Tovar Martinez

Lo vieron llegar por primera vez muchos años atrás en compañía de dos albañiles a quienes les dibujó en un cuaderno escolar los planos de lo que sería su templo y hogar; eligió lo más alto de una pequeña y despoblada colina muy cerca de la carretera que servía de entrada y salida a la hermosa ciudad colonial de Cartagena de Indias. Con instrucciones de constructor milenario nivelaron el terreno, cavaron las bases y fundieron las vigas siguiendo las líneas irregulares del plano improvisado en la hoja del cuaderno escolar, muy pronto empezaron a llegar lugareños a ofrecerse como trabajadores porque se dieron cuenta que el trazado de las bases desbordaba la capacidad de trabajo de los dos albañiles. Se sorprendieron al ver al improvisado arquitecto vestido de túnica blanca sin zapatos y con turbante de pastor bíblico que solo habían visto en las películas de semana santa, se le acercaron "Necesitamos trabajar, vivimos cerca de aquí. Él los miró como si los conociera de siempre. Por un instante se dejó sumir en un momentáneo letargo y como si regresara de un alucinante sueño, fijó sus ojos en el más joven de todos, "Eres ladrón de patios, ratero de calderos y gallinas, amigo de todo lo que veas mal puesto, embustero y embaucador, esa cicatriz en la frente te la hizo un celador con mala puntería cuando te sorprendió robándote las varillas de hierro en una construcción. Regresa por donde viniste rata incorregible, los demás que se queden."

Tomó a uno de ellos del brazo, lo separó del grupo y cuando estuvo seguro de nadie los podía escuchar y sin dejar de mirarlo y en voz muy baja le dijo: "Te mata la duda, todo el día te atormenta la incertidumbre porque no estás seguro si   el hijo que más quieres es tuyo o del tendero de la esquina, pues te digo que sí es del tendero; ahora lo sabes para que lo sigas queriendo liberado del peso de tus temores.   Le dio un abrazo y le dijo, "de todos tus hijos el hijo del tendero es el único que verdaderamente te quiere, padre no es quien engendra sino aquel que ofrece amor y edifica. "

Se dirigió a los demás y con una seña de capataz les indicó que se quedaran trabajando a su servicio; los hombres tomaron con entusiasmo sus picos y palas, menos el marido engañado que se quedó en medio de la canícula digiriendo su situación de traicionado, aunque adorado padre. Después de unos minutos se integró a los demás albañiles al mando del adivino que había tenido el atrevimiento de decirle en su cara sus más profundos temores que no le dejaban la vida tranquila; ahora, liberado de sus miedos, se sentía con los bríos de un hombre nuevo, engañado pero amado.

Así creció su fama de adivino. Tenía la extraña manía de llamar por su nombre a personas que jamás había conocido y hablar de secretos sin pudor alguno. Al conductor que venía con la arena, le gritaba para que todos lo oyeran que vivía con dos mujeres y que ninguna de las dos lo quería, que solo lo tenían para que las mantuviera mientras él se mataba todos los días en su volqueta de arenero. Al que venía con el cemento le decía que venía huyendo de su pueblo enclavado en la neblina del páramo porque mató a puñaladas a su joven mujer cuando la encontró en su propia cama desvanecida de amor con su mejor amigo; al que venía con la varilla de hierro, un negro de tamaño descomunal, que lo perseguía el temor de beber en público porque en medio de la borrachera se le daba por la tocadera en las partes íntimas a todo hombre que pasaba por su lado. Al que llegaba con la madera, un hombre joven muy delgado, demacrado, le decía que estaba así porque su mujer le daba infusiones y se lavaba sus partes íntimas en jugo de Níspero para que nunca supiera que al salir con su camión ella metía al amor de su vida, un vago que la desfloró en los baños del colegio cuando ella era casi una niña y desde ese día juró amarlo por siempre y no dejarlo, así le tocara buscar a otro para mantuviera a los dos por siempre. Al que llegaba al medio día con los almuerzos, le aconsejaba que continuara con sus estudios de derecho porque su futuro no estaba en los ajetreos de la cocina, sino que su suerte estaba en las discusiones jurídicas de los estrados donde lo esperaba la fortuna y la fama, que cuidara a su joven mujer porque de esas ya casi no salen y son difíciles de encontrar. Todos recibían sus palabras aterrorizados y sorprendidos de escuchar de otro a quien jamás has visto y en medio de todos te revelaba en voz alta, sus más ocultos secretos.   Por eso, algunos no regresaban a trabajar, aunque otros se sentían fortalecidos por la certeza que no hay nada que se pueda mantener oculto por siempre y que no hay nada que pese más que un secreto ni nada que duela más que una culpa guardada.

Se quedó a vivir en el improvisado depósito de materiales, encima de los bultos de cemento y en medio de picos y las palas; allí pasaba sus noches mientras levantaban su templo que había tomado formas muy diferentes al plano inicial dibujado en un cuaderno escolar; atendía a la gente que empezaba a llegar de toda la región atraídos por su pronta fama de adivino.

Valerio Tovar Martinez

Por esos tiempos el país se sumía en la más sangrienta guerra fratricida donde sus hijos se mataban sin saber porque, unos en bandas privadas organizadas, amparadas por el ejército y financiados por ganaderos e industriales que trataban de contener a una guerrilla que buscaba el poder por medio de las armas. Era un loco delirio de más de cincuenta años donde las partes se habían acostumbrado a la barbarie, hasta el punto que se necesitaban entre ellas porque se dieron cuenta que el estado de guerra permanente les proporcionaba riquezas y poder que jamás podían alcanzar en un país en paz. Por eso, declaraban objetivo militar a todo aquel que en medio del fragor de las balas se atreviera a hablar de paz; evitaban enfrentarse para conservar sus tropas y solo se sabía de ellos cuando organizaban masacres de civiles inermes, que ambos bandos acusaban de auxiliadores de sus enemigos. Por eso las primeras en llegar eran las madres y los huérfanos que buscaban noticias de su gente perdida en las desgracias de la guerra. Él las recibía en medio del ajetreo de carretillas de albañiles y muchas veces interrumpía sus sentencias reveladoras para dar una orden de arquitecto cuando advertía que no alineaban bien los trazados de las bases o cuando se daba cuenta que la mezcla no tenía el suficiente cemento para sostener el peso de la majestad de su templo. Motivado más por la intensión de impresionarlas que por consolarlas, les   decía como estaban vestidos sus muertos la última vez que los vieron con vida; muchas veces, haciendo uso de su habilidad histriónica, asumía como propios los gestos y el modo de hablar del muerto, les contaba sus últimos pensamientos cuando la muerte los sorprendió en medio de la manigua, y las consolaba diciéndoles que los vivos antes de irse solo piensan en los que más quieren. "Eran sus últimos deseos" les aclaraba y que siempre coincidían con lo que les escuchaban decir en sus sueños cuando se le aparecían sus muertos diciéndoles cosas para que continuaran su vida sin ellos.

Al final usando una regla de albañil les dibujaba en la tierra el sitio exacto donde reposaban los huesos solitarios cuando en medio de los bombardeos y el zumbido de las balas, no habían tiempo de enterrarlo y sus cuerpos quedaban en el mismo sitio donde la muerte los sorprendió. Ellas, liberadas del peso de la incertidumbre y con la extraña sensación de haber estado cerca de sus muertos, recobraban la tranquilidad perdida y le agradecían a aquel extraño hombre que podía ver con otros ojos los vericuetos de sus almas adoloridas y hacerlas recobrar la esperanza porque no hay nada más que mortifique a los vivos que no saber la suerte de sus muertos.

Por esos días, los visitantes atraídos por la fama del adivino que solo con mirarlos a los ojos podía decirles sus más guardados temores, que podía curar las enfermedades que comenzaban en el alma y terminaban en el cuerpo, que podía ver todo lo que habían hecho en su pasado y hasta lo que dejaron hacer, que podía predecirles su futuro, malo o bueno, y que aun conociéndolo, no había forma de evitarlo porque ya todo está escrito desde antes de nacer, que serían feliz si se dejaban llevar por su suerte y desgraciados en la medida que se opusieran a sus designios, que el amor es la primera fuerza que impulsa a continuar con la vida y que es el odio el único sentimiento que nos envenena y nos hace infelices.

Su fama de curandero de enfermedades sin nombre se extendió por todo el Caribe y hasta él llegaron los más extraños casos de enfermos sin esperanzas; por eso nadie se sorprendió cuando se presentó una romería de hombres que se turnaban para llevar en hombros a un hombre confinado en una hamaca desde hacía más de diez años cuando decidió por voluntad propia quedarse en un estado larvario, muy similar a la locura; solo le interesaba observar los pájaros que hacían sus nidos entre las palmas, que él seguía con sus ojos de alucinado entrar y salir para alimentar a sus polluelos.

Su angustiado padre no entendía como su hijo, a sus veinte años, parrandero empedernido, jugador de gallos finos y peleador a puño limpio en los billares del pueblo, pudo tomar la decisión de jamás levantarse de la hamaca. Allí dormía sus borracheras y medio de su delirio contemplativo parecía mas estar muerto que vivo.

Al verlos, les ordenó con ímpetu de militar que lo pusieran en el suelo; fijó su mirada en el hombre y empezó a hablarle en una lengua gutural, con gestos y ademanes solemnes de bienvenida, todos se dieron cuenta que la conversación parecía ser como entre viejos amigos, que se reencontraban en las pugnas eternas que tienen los espíritus invasores con los exorcistas liberadores. El poseso que ya había tomado la forma cóncava de la hamaca, trato muchas veces de sobreponerse a la deformación de sus huesos y adquirir una posición digna del enfrentamiento que se veía venir. Trastabilló varias veces tratando de levantarse para estar al mismo nivel de su interlocutor quien lo esperaba pacientemente para que el enfrentamiento adquiriera rasgos altruistas donde el bien y el mal se enfrentaban en igualdad de condiciones como sucede a diario en la vida de los hombres, y que sea el buen juicio y la fuerza de la verdad lo que se imponga en la contienda.

Bajo la canícula de las tres de la tarde, en medio de un mar de paraguas de colores donde los curiosos se peleaban por los mejores lugares de observación para no perderse un solo detalle del exorcismo que se daría en medio del sopor de hora,

Después de acomodarlo para que su columna vertebral recobrara su posición natural, el hombre pudo al fin ponerse en pie dejando ver su costillar de famélico, que se preparaba para dar con dignidad una gran pelea. Solo él podía volver a la normalidad, luego de que un marido engañado acudiera a las malas artes de una hechicera para que con ritos de invocación y ceremonias con velones implantara en él su esencia de alma contemplativa.

Ya de pie se miraron a los ojos y todos se dieron cuenta que eran viejos adversarios de guerras inmemoriales; comenzaron hablando en lenguas inentendibles, sabían que eran varias porque su pronunciación y tonalidades cambiaban a medida que avanzaba la conversación; por los gestos y ademanes de los hablantes, todos se dieron cuenta que el dialogo se iba haciendo cada vez más controversial y agitado;   el hombre de la hamaca recobró los bríos tratando de sostener su voz que poco a poco fue tomando tonalidades infantiles en medio de un llanto de recién nacido;   así se le fue apagando la voz y cada vez se hacía más difusa hasta que se apagó por completo en medio de un líquido verdoso que se mezclaba con sus babas hasta que todos lo vieron hacer esfuerzos para continuar con su jeringonza infantil; las babas se convirtieron en un espumero verdoso que lo hacía exhalar   un vaho nauseabundo que los obligó   a distanciarse de aquel hombre que en medio de convulsiones y retorcijones recobraba su vieja identidad perdida y regresaba de nuevo a la vida revolcado en sus propios vómitos.

 "¡Eso te pasa por asaltador de camas ajenas, por consolador de mujeres con dueño!

Valerio Tovar Martinez

Así le gritó el adivino en tono de advertencia al hombre que regresaba de su letargo contemplativo, agregando:

"No hay nada más perverso que el alma de un amante engañado que recurre a la bruja envenenada por su maldad para que con invocaciones, conjuros y sortilegios de malas ciencias logre opacar el alma del poseído e implantar en el cuerpo del desgraciado un alma errante que se queda con él para siempre imponiendo sus mañas milenarias y su desidia eterna, le gritó hablando serenamente en castellano, cuando se dio cuenta que los ojos del hombre habían recobrado el brillo de los vivos.

Después de diez años de ausencia se contempló a sí mismo y vio el desastre de su cuerpo, sus piernas enflaquecidas por la inactividad, palpó su costillar de faquir, con esfuerzo trató de vencer la curvatura que los años en la hamaca le había dejado; con ayuda de su padre, se levantó tembloroso, pidió que lo bañaran. La gente lo levantó en hombros como cualquier boxeador triunfante que regresa a la vida después de un combate; con el puño en lo alto celebró su regreso a su vida de peleador de cantinas y asaltador de camas ajenas.

""Fue fácil expulsar a un espíritu de naturaleza infantil" exclamo el adivino, " que solo expresa una conducta contemplativa que provoca la inercia y desgano, pero cuán difícil es retirar uno que se apodera del alma de los hombres acrecentando sus deseos de riqueza y poder, al final el alma de los hombres y la presencia del espíritu invasor se funden en uno solo creando un demonio bicéfalo donde el uno no puede existir sin el otro; ese que está presente en muchos hombres que se creen sanos y liberados los obliga a no descansar y a trabajar en el día y también en la noche, a desear lo que el otro tiene, a matar si es necesario para conseguir lo que ve en el otro, aun viejo y vencido por los años continua atesorando hasta el último día cuando su cuerpo dañado por el mal vivir no puede sostener la presencia maligna de los dos impulsos aferrados a las cosas que se pueden palpar, a esos ni la misma muerte puede liberar porque al final se funden en uno solo y deambulan errantes en el mundo de los vivos esperando ser invocados."

Por esos días el templo en construcción había tomado rumbos muy diferentes a los planos iniciales del cuaderno escolar; desde la carretera se podía observar la construcción en lo alto de la colina, que servía como referencia a la gente que llegaba en los buses destartalados que transportaban Palenqueras con sus palanganas llenas de frutas que se acomodaban a la carrera en cualquier sitio. Igual llegaban campesinos con sus jaulas de pájaros, con huacales de palomas y chivos amarrados que se cagaban en los asientos. A la gente le tocaba hacer malabares de trapecista para desplazarse por el pasillo y acomodarse en los puestos en medio de la alharaca de los pavos y las gallinas que eran sacadas de sus nidos para ser vendidos vivos en el mercado de Basurto en Cartagena. Los conductores sabían que era una parada obligada donde se bajaban personas de apariencia distinta que les pedían con cierta discreción que los dejaran en frente del templo. Su apariencia de profeta bíblico, de túnica blanca y turbante dando instrucciones a los albañiles les llamaba la atención.

Inclusive, habían escuchado a los Caribes con su gracia que tienen para burlarse hasta de sus propias desgracias, llamarlo < El Papa de Roma> en medio de la bulla de los huacales y el ir y venir de la gente detenida en las paradas.

El Papa, así lo llamarían por siempre porque para ellos era la máxima autoridad espiritual, no de la lejana y pomposa Roma sino de la cálida y bulliciosa Clemencia, un pequeño pueblo en cercanías de Cartagena de Indias.

Muy pronto el lugar adquirió vida propia y no tardaron en aparecer los vendedores de gaseosas en neveritas blancas, y de fritos que se situaron a la entrada del camino bajo toldas de colores que no le servían a la gente para protegerse del sol mientras disfrutaban las viandas; también llegaron los llanteros que construyeron ranchos de madera con techos de zinc que no solo servían para atender motociclistas varados sino para vivir con sus familias. Más temprano que tarde traerían a sus viejos en mecedoras de paja y se quedarían a vivir para siempre. Así, poco a poco fue creándose ambiente de mercado donde se vendía pescado frito con arroz de coco, cervezas frías a los borrachos que buscaban consuelo en los brazos de los cantineros llorando sus penas. También aparecieron las palanqueras con sus poncheras vendiendo alegría con coco y anís y niños vendiendo escapularios de la Virgen del Carmen como recordatorios de las visitas al gran adivino. En aquel lugar tan poblado siempre había algo para vender bajo los improvisados ranchos. Al igual se alzaba el templo donde su constructor se enfrentaba en interminables discusiones de albañiles sobre si la estructura podría resistir el peso de su cúpula renacentista que no pudiera ser derribado por los vendavales apocalípticos que se desviaban del mar buscando tierra firme dejando a su paso un reguero de techos esparcidos y árboles arrancados de raíz.

Finalmente, en un acto de sensatez con el diámetro de las vigas, se decidieron por un techo de zinc solo que se excedieron en amarres infalibles para prevenir el desastre de los vientos. Después de un año de construcción y de proyecciones arquitectónicas, de cálculos matemáticos y ensayos con la plomada, terminaron r la construcción un septiembre de aguaceros bíblicos que pusieron a prueba los techos de última hora, los minaretes alejandrinos y los arcos barrocos de los ventanales que le daban al templo un aire ecléctico con rasgos de todas las religiones.

Fue en un noviembre gris de lluvias eternas cuando los pastores luteranos de la región lograron unirse en un conclave para organizar una cruzada salvadora en contra del agorero que hablaba lenguas muertas signo inequívoco de la presencia del maligno, designaron a sus mejores fieles como soldados invencibles en muchas guerras purificadoras para expulsar la oscura presencia que se había apoderado del pequeño hombre negro de cabellos plateados en sus ya cuarenta años, resaltaron con marcadores de colores los versículos y sentencias bíblicas concebidas para expulsar demonios, se concentraron un día antes en una vieja bodega abandonada para hacer vigilias inspiradoras y salir purificados la mañana siguiente rumbo al encuentro con el brujo invasor; dibujaron con tiza escolar en los pisos los planos de asalto para no darle tiempo a su objetivo de realizar maniobras evasivas, se dividieron en pequeñas escuadras dirigidas por los más versados exorcistas para cubrir cualquiera ruta de escape, sincronizaron sus relojes para realizar una operación envolvente para capturar a su objetivo en medio de la sorpresa de las seis de la mañana, recibieron a última hora botellas plásticas con agua bendita que trajeron fieles católicos en un acuerdo celestial para reforzar el arsenal sagrado en contra de la amenaza del advenedizo que le quitaba fieles y ponía en riesgo las ofrendas, salieron muy temprano en la mañana de ese once de noviembre cuando los Cartageneros sumidos en la más grande parranda de cinco días celebran su independencia con ron blanco, con disfraces de animales y con la cara blanquecida por la harina salen a las calles en desfiles y fiestas de barrio, por eso no se sorprendieron cuando en su camino observaban desde la ventanilla de sus buses a los disfrazados de gorilas que se quitaban sus máscaras para empinarse sus botellas de ron, a las comparsas de niñas vestidas con plumas y flores de colores con diminutos vestidos que dejaban ver sus cuerpos morenos cuando regresaban a sus casas solo para dormir un poco y continuar con el jolgorio de ese noviembre interminable, por obligación se detenían en las esquinas cuando grupos de borrachos hacían improvisadas barricadas para detener la caravana de vehículos en las esquinas de los semáforos solo para pedirles monedas para comprar ron y continuar con su fiesta de locos, " < El diablo anda suelto > "decían mientras observaban a los grupos de trasnochados que casi no podían con sus pies y que a pesar de los vapores del ron bailaban en rondas la canción de "Coroncoro se murió tu mae", se condolían de ver a los borrachos que vencidos por el sueño y el ron se quedaban dormidos en los andenes, se espantaron cuando vieron que eran orinados por sus propios perros que no los reconocían porque llevaban sus caras cubiertas por la harina y coloretes de mujer, así en medio de la algarabía y el desorden del carnaval lograron salir de Cartagena rumbo a su batalla espiritual seguros que alcanzarían la victoria, llegaron al lugar acordado en medio de una llovizna tierna, desembarcaron de los buses siguiendo las instrucciones precisas del plano de tiza en el piso de la bodega, divisaron a lo lejos el templo que por esos tiempos tenía una apariencia verdosa por los musgos que crecían en sus paredes y se nutrían de las lluvias eternas de ese noviembre diluviano, las mujeres tuvieron que despojarse de sus zapatos para poder chapalear con sus pies descalzos el barro resbaloso que casi les impedía caminar, con mucha dificultad cruzaron la alambrada para ocupar las posiciones acordadas, con señas de asalto evadieron a los perros de los vecinos para que con sus ladridos no le quitaran la ventaja de la sorpresa, rodearon el lugar con sigilo felino y ocuparon las posiciones a la espera de la señal de ataque, lo primero que ocuparon fue el templo, revisaron sus pasillos, registraron el dormitorio, buscaron debajo de la cama, revisaron los tanques de agua con la esperanza de encontrarlo sumergido respirando como los peces, subieron a los minaretes y solo se encontraron con las estampida de las palomas que huyeron asustadas por los ventanales, se sorprendieron cuando encontraron el féretro reluciente cubierto de nidos con polluelos alarmados que se caían de sus nidos con la esperanza de salvarse del embate de la cuadrilla invasora que recitaban versos bíblicos y esparcían agua bendita en botellas de plástico, se detuvieron en seco frente al féretro y temieron que su objetivo fuera un adefesio mezcla de brujo y vampiro que vivía de noche y dormía de día, lamentaron que su arsenal sagrado no incluyeran estacas afiladas y mazos para dar la estocada final en el pecho de aquel hibrido maligno que los esperaba dormido en su cajón cagado con mierda de palomas, se asomaron por los ventanales góticos para pedir ayuda a la gente de tierra en medio de gritos desesperados, muy pronto llego la estaca afilada y un ladrillo en reemplazo del mazo, en estricta formación rodearon el féretro y designaron al más fuerte para dar el único y definitivo golpe al vampiro que dormía impasible en lo alto de su minarete alejandrino, abrieron con rapidez la tapa y se encontraron con un cajón vacío forrado en satín blanco, decorado con perlas de fantasías y pequeños ramos de florecitas blancas hechas en satín en las esquinas, el alma les volvió al cuerpo cuando solo encontraron la factura del carpintero y varias bolas de naftalina para protegerlo del asedio de las cucarachas invasoras, recobraron los ánimos perdidos por la dicha de no tener que enfrentarse a una criatura infernal para cual no estaban preparados para exterminar, estaban acostumbrados a realizar exorcismos con demonios que ya le eran familiares en largas sesiones de liberación donde siempre salían vencedores en medio de los espumarajos de los poseídos y los llantos del demonio advenedizo cuando se iba para siempre vencido en público por las sentencias bíblicas de los exorcistas de barrio que celebraban en público su triunfo sobre las posesiones del maligno, después de registrar palmo a palmo el templo y de asegurarse que no había nadie en el lugar se reagruparon para buscarlo en las casas de los alrededores, se dieron cuenta que los vecinos estaban sumidos en la más grande parranda novembrina, disfrazados con capuchones multicolores, de marimondas repelentes venidas del Barrio Abajo en Barranquilla, de negritos morisqueteros venidos de las riberas del canal del Dique y de hombres disfrazados de mujeres con botellas de aguardiente en la mano bailando las canciones de la Niña Emilia en medio del barrial eterno de la única calle que conducía de la carretera hasta el templo, muy pronto se dieron cuenta que les resultaría difícil identificar al pequeño hombre negro de apariencia frágil con cabello platinado por el tiempo, de túnica y turbante blanco en medio de aquel carnaval de borrachos disfrazados que bailaban enardecidos por a canciones de negros que se escuchaban y bailaban más en el Caribe que en el Congo y Nigeria de donde llegaban en discos de acetato siguiendo la ruta de los barcos negreros de los tiempos de esclavitud, les tocó reagruparse para replantear su estrategia porque no esperaban encontrarse en medio de una comparsa de carnavaleros que les impedía identificar al poseído que había tenido la osadía de construir un templo donde no debía y pasearse impune sin ser exorcizado por los seguidores genuinos de Dios, se dieron cuenta que para identificar al agorero era necesario despojar de sus máscaras a los gorilas, quitarle los sombreros de jobo a los negritos morisqueteros en busca del cabello platinado, halar por la orejas de satín a las marimondas repelentes en busca de los ojos alucinados, levantar los capuchones de colores en busca de la túnica y el turbante blanco, rodear a los hombres disfrazados de mujer en busca del enjambre de tendones en las articulaciones que distinguían al adivino famélico, muy pronto fueron advertidos por la turba de borrachos que en medio de los estragos del ron blanco y la cerveza los confundieron con seguidores del Papa que habían llegado en sus buses para sumarse a la parranda de carnavaleros trasnochados, al ver que se les acercaban con la intensión de identificar al brujo hurgando sus rostros y revisando sus disfraces los borrachos los abrazaban en señal de bienvenida ofreciéndoles que tomaran ron de sus botellas, que bailaran con ellos sus canciones africanas y en un acto solidario les embadurnaban sus caras con betún de zapatos, con harina carnavalera, con coloretes de mujer y espuma envasada en aerosoles para parrandas que los dejaba irreconocibles confundiendo a sus compañeros de cruzada, jamás se imaginaron ser recibidos como cumbiamberos y no como exorcistas purificadores, terminaron en las rondas abrazados con los negritos morisqueteros bailando la tambora de niña Emilia, abrazados con los gorilas que les mostraban sus caras de amanecidos solo con el compromiso de que se tenían que tomar un trago de ron con ellos, sucumbieron a la alegría contagiosa de las marimondas que les mostraban a las mujeres sus caras alegres a cambio de que bailaran con ellos la canción "Luna de Barranquilla", así en medio de la llovizna vaporosa y en medio del barrial eterno terminaron todos,   exorcistas y cumbiamberos sumidos en la más mundana parranda que no daba muestra de terminarse por esos días amenizado por gigantescos parlantes que nadie entendía cómo podían entrar y salir de las pequeñas casas de tabla y dejarles a sus dueños espacio para vivir; el ruido estridente de la música obligaba a los borrachos a hablar por señas y a decir no, cuando tenían que decir si, y abrazar a todo aquel que se les acercaba porque lo más seguro era que venía por un trago de ron blanco, y ahí en medio de todos estaba el Papa vestido con su túnica clerical manchada de azul de tender, sin turbante y con la cara blanquecina por la maicena que impedía ver sus cabello platinado, con unas gafas oscuras de payaso que les impedía reconocer sus ojos alucinados, bailando con ellos sin ser reconocido por los coloretes del lápiz labial, por el negro humo con manteca que los negritos morisqueteros le dejaron cuando bailaba con ellos el bullerengue alegre de Irene Martínez.

Desorientados y confundidos por el escándalo de la música y por el bullicio de la pólvora, trataron de reagruparse usando señas de guerra, con dificultad se identificaron a sí mismos porque todos tenían la misma apariencia carnavalera y fiestera de las marimondas, de los monocucos y las negritas Puloy; de nuevo en los buses que los esperaban ocultos a la orilla de la vía y a salvo del tumulto hicieron conteos carcelarios para asegurarse de que nadie se había extraviado en medio de la retirada, se vieron así mismos con las ropas empapadas de negro humo con manteca, las caras irreconocibles por la espuma y el betún, con movimientos circulares de cabeza trataron en vano que despojarse de la maizena que formaba una costra con la leve lluvia que caía desde que llegaron, por unanimidad decidieron regresar y dejar para otro día aquella guerra espiritual en contra del adivino que esta vez se había salvado de ser exorcizado y recuperar para Dios al mago hierofante que prosperaba en aquella colina llena de herejes embelesados por las predicciones certeras del hombre que se ufanaba de hablar todas las lenguas de la tierra, vivas o muertas. Ocuparon sus puestos en los buses asegurándose que ningún cumbiambero se mimetizara en medio de las caras pintadas y los cabellos blancos de la harina, hicieron la maniobra de retorno justo en la entrada cenagosa del templo porque no había otra posibilidad de hacerlo con la mala suerte que el último de los buses quedo atrapado en las arenas movedizas de la entrada, fue necesario el desembarco de los ocupantes para disminuir el peso y junto con los gorilas, las marimondas y los negritos sacar la llanta del atolladero bajo las órdenes de arquitecto del gran agorero que continuaba sin ser reconocido por la cruzada en retirada que lo había idealizado como de naturaleza escurridiza ante la presencia de los hijos de Dios y no como el carnavalero desprevenido que daba instrucciones de ingeniero para desvarar el último bus de los guerreros de Dios, una vez liberado del pantano de su infortunio regresaron por la misma vía de regreso rumbo a Cartagena, al pasar por los pueblos recibían el saludo fiestero de la gente que salía de los fandangos que los veía asomados por las ventanillas con sus caras pintadas confundiéndolos con cumbiambas que venían de Barranquilla a reforzar las comparsas de Marimondas y negritas Puloy que desfilaban por las tardes en la hermosa ciudad colonial de Cartagena de Indias en sus fiestas novembrinas.

Después de ese noviembre fallido y en medio de una tregua con las iglesias de la región el Papa prosiguió con su vida de adivino, muy pronto sus vecinos se dieron cuenta que no dormía porque en las noches lo escuchaban desde el templo vociferar sentencias en lenguas desconocidas, lo veían con pasos de sonámbulo deambular por los caminos cercanos hablando en voz alta como si fuera acompañado por multitudes que solo él podía ver, fue entonces cuando la gente empezó a creer que estaba loco, muchas veces el día lo sorprendió en los poblados vecinos en medio de sus borracheras de tres días hablando su jeringonza en medio de pandillas de niños que le gritaban loco y le lanzaban palos y piedras al hombre de la túnica y el turbante que no sabía que los carnavales ya habían terminado, él se defendía llamándolos por sus propios nombres y echándoles en cara sus temores y miedos amenazándolos que esa misma noche se les presentaría en forma humana para no dejarlos dormir en paz, así se presentaba en su templo atestado de consultantes que lo recibían después de una larga espera felices porque así eran más precisas sus predicciones y más certeros sus vaticinios porque llegaban con el delirio del vidente y la locuacidad del borracho, así era más histriónico porque acompañaba su hablar con gestos muy propios de los consultantes cuando se anticipaba a las respuestas que debían dar cuando llegara el momento en el futuro de sus vidas y les tocara desenvolverse con la ventaja de que ese momento ya lo habían vivido con la actuación teatral del adivino que les permitía transitar seguros por sus vidas, lo vieron encender sus cigarrillos sin una fuente cercana de fuego cuando sorprendidos veían aparecer la pequeña lucecita que se iba agrandando a medida que aspiraba, después de encendido por completo y con la boca llena de humo exhalaba su triunfo fabricando aros de humo que se desvanecían sobre las cabezas de la gente, luego asumía la actitud triunfante del mago de circo a la espera de los aplausos de su público, a pesar de que sabían que su naturaleza estaba despojada de las prisas insalvables de tener que alimentarse la gente le llevaba como regalo naranjas las que partía en pedazos con sal, no para saciar la necesidad terrenal de alimentarse sino para despojarse del tufo de aguardiente de sus borracheras de tres días, el pasillo de recibo de visitas estaba lleno de botellas de aguardiente llenas y vacías que sus seguidores le hacían llegar como regalo, al partir la gente le dejaban billetes que él les obligaba a pisotear antes de dejarlos en un tanque de albañilería. —"Pisotea a la riqueza antes que ella te pisotee a ti", les decía al momento de recibir las ofrendas voluntarias de su gente, luego los despedía con la bendición de la cruz y les decía que se marcharan con la paz de los justos.

Al caer la noche se enfrentaba a sus sombras en medio de la presencia de entidades que solo él podía ver y sentir, hablando con ellos en la lengua de sus orígenes, haciendo juicios que solo correspondían a los acontecimientos de su tiempo, los seguía con sus ojos resplandecientes cuando decidían desplazarse en el espacio inconmensurable de los pasillos, le daba la bienvenida a los que veía llegar y gestos de despedida a los que se ausentaban, invocaba en el idioma perdido de los tiempos a los que lo habían abandonado a su suerte de vivo entre los vivos, así en medio de aquel delirio de alucinado lo sorprendía el nuevo día en medio del susurro de las palomas que alzaban el vuelo desde los minaretes.

Después de sus borracheras se sumía en la más grande tristeza muy propia de los hombres temblorosos que regresan a sus vidas sobrias, en medio de sus conversaciones sorpresivamente sus ojos se inundaban de lágrimas y se dejaba vencer por un llantico triste que conmovía a la gente lo consultaba, luego se reponía de la ráfaga de dolor que llegaba sin avisar, con gestos de resignación se quitaba las lágrimas de sus ojos y la baba de sus labios y retomaba su vida bajo la mirada tierna de su gente que no comprendían su dolor. – Es el peso de seguir vivo" les decía mientras recobraba la serenidad, había existido desde mucho antes del comienzo de los tiempos, había estado con nosotros en totas las épocas soportando el peso de seguir vivo y su naturaleza ya empezaba a dar muestras de flaqueza ante el peso de existir por siempre, hablaba todas las lenguas porque había aparecido en muchas culturas a través de la historia de los vivos, siempre había conservado su índole desprevenida ante la grandeza de su esencia, fue feliz y admirado entre los griegos que se preocupaban más por el devenir que por el presente, se había movido con desconfianza y prevenido en medio de los romanos, apareció como bibliotecario en Alejandría donde protegía con celo los papiros herméticos que contenían la historia perdida de los atlantes,   se disfrazó de parroquiano para sobrevivir a los ahorcamientos en masa en tiempos de los Cátaros, Fue

Valerio Tovar Martinez

judío inconverso en Lisboa, fue domador de caballos salvajes cuando apareció sin ley en medio de una caravana de gitanos errantes que veían el futuro de la gente en las palmas de las manos, había sido perseguido y quemado vivo en los juicios de Torquemada, había sido un esclavista en Luisana donde le brindaba refugio y amparo a los negros fugados en su plantación y ahora después de muchas vidas se encontraba entre los Caribes guiando sus vidas en medio de los desastres de su existencia, eran tantos sus recuerdos y vivencias que no se podían contener en las miserias de un cerebro humano sino que estaban esparcidos en el espacio infinito de las ideas donde se guardan las vivencias de todos los que existieron y todos aquellos que están por existir, por eso se desvanecía en público y en privado con su llanto eterno no solo por peso de los recuerdos sino por asegurarse que después de muchos milenios de estar caminando sobre la tierra seguimos siendo los mismos, dominados por las mismas pasiones y vencidos por el impulso animal de mantenernos vivos.

Tenía la facultad alucinante de ver y escuchar a entidades que usaban los mismos canales de percepción que atormentan a los locos, solo que la lucidez de su esencia le permitía sobreponerse al pavor de su presencia y al estruendo de sus voces sin que esto perturbara su sano juicio permitiéndole entablar con ellos conversaciones en sus propias lenguas en presencia de sus seguidores que tenían la impresión de estar en frente a un loco que hablaba solo y gesticulaba siguiendo con sus ojos el curso incierto de los etéreos visitantes que solo él podía ver, como la gente no podía entender los sonidos milenarios que brotaban de su boca se esforzaban por interpretar sus conversaciones siguiendo el lenguaje expresivo de sus gestos hasta llegar a saber cuándo le daba la bienvenida a algún viejo conocido y cuando despedía a un hostil visitante que lo atormentaba con su presencia, así en medio de ese mundo de vivos y de aquellos que ya se habían cansado de vivir proseguía con su tarea de ver el irreparable pasado, el instantáneo presente y el incierto futuro de sus visitantes.

Nunca dormía, ni por las noches y mucho menos en el día, solamente se recostaba antes del amanecer, sobre un taburete para descansar su viejo cuerpo y dar reposo a sus cansados pies alcanzando un estado de adormecimiento muy cercano al sueño pero conservando el dominio de sus actos permitiéndole sumergirse a voluntad por el infinito mundo de los dormidos presentándose ante sus consultantes vestido con sus mejores galas revestido con un aura solemne que solo se puede apreciar en el gaseoso mundo de los que sueñan, así en medio de a intemporalidad y la pasividad del que escucha con los oídos del alma les daba sus mejores consejos, les mostraba para que vieran con los ojos impávidos del alma el rostro de sus enemigos de los cuales se debían cuidar y las caras sonrientes de los amados para que no se olvidaran de quererlos, a los que padecían dolores y enfermedades los ungía con aceites siderales y los reconfortaba con bálsamos cósmicos, a los que sufrían los estragos del amor les acariciaba el alma con el polvo luminoso y restaurador de las estrellas y a los que estaban próximos a morir les mostraba el basto universo de los durmientes eternos que descansan en paz, con palabras de consuelo les decía que la muerte no es más que un sueño del cual no despertamos porque es más apacible y sosegado que el mundo agitado e incomprensible de los que están despiertos, así luego de sus viajes fantasmales por las aguas apacibles de los durmientes regresaba a la vida despierta para enfrentarse a la realidad de las cuatro paredes del templo.

Se dio cuenta que su fin estaba cerca cuando empezó a sentir la necesidad imperiosa que tiene todo lo vivo por alimentarse; al principio saciaba sus ganas con infusiones de canela y albahaca que Pelencho le preparaba al comenzar el día, después fue necesario agregar pequeñas porciones de frutas untadas con sal para amainar el estrepito de sus tripas que empezaban a liberarse del aura santificada de su cuerpo, alarmado por los reclamos terrenales de su existencia y atormentado por la proximidad de su muerte encomendó a Pelencho su fiel compañero a quien había rescatado de las fiebres delirantes de un mal de ojo para que encomendara al carpintero del pueblo la construcción de un féretro hecho a su medida, "< La muerte me comenzó por las tripas>", le dijo al carpintero mientras se dejaba tomar las medidas de ancho y de largo con la misma rigurosidad que lo hacia su sastre cuando le confeccionaba sus túnicas clericales. Se alarmo cuando vencido por el cansancio se sumergía en el profundo sueño de los vivos donde la conciencia desaparece y se pierde todo rastro de existencia, retornaba sobresaltado cuando sus fieles lo encontraban en las mañanas dormido profundamente en su taburete con un delgado hilo de baba que brotaba de su boca y lo despertaban con palmadas en sus mejillas alarmados por los gestos de asombro que adquiría su cara después que recobraba la conciencia en medio del espanto que le provocaba la fatídica experiencia de desaparecer por siempre en el terreno pantanoso de lo que no existe, esa experiencia humana de desconexión lo asechaba y muchas veces lo emboscaba sin esperar la noche y muchas veces quedo en ridículo frente a sus consultantes cuando rendido por las ráfagas fugases del sueño se quedaba dormido frente a todos y tenían que recurrir a las palmadas para terminar de escuchar los vaticinios interrumpidos, fue por esos días que confirmo que su presencia ante los vivos se acercaba a su fin porque su desgastado cuerpo ya no resistía más la agitada vida de los insomnes y la devastación que causa la vida en el cuerpo de los inapetentes.

Ya despojado de su cuerpo y liberado por la muerte disfrutaba de la ingravidez de su existencia, atrapado en la inmediatez de lo eterno que le permitía desplazarse sin moverse en el recóndito mundo de los durmientes esperando el impulso divino que lo devolviera de nuevo al mundo de los vivos donde existe el dolor y la desesperanza, donde el tiempo transcurre y el alma es prisionera en un cuerpo que la somete y degrada con sus instintos y pasiones esperando resignada la llegada de la muerte liberadora para de nuevo comenzar el eterno ciclo de los inmortales condenados a estar por siempre entre los vivos para ayudarlos a sobrellevar la pesada carga de estar vivos en mundo a la deriva y sin sentido.

Valerio Tovar Martinez

El advenimiento del maligno

Aquí, parado frente al vetusto pórtico de la hacienda donde Pupo Villa pactó con El Maligno el cambio de su alma imperecedera, por riquezas y poder, aún percibo el hálito de la tragedia en que se convirtió un convenio en el que el diablo fue el más grande perdedor. Todavía se siente la presencia del pactante defraudado que expresa su enojo por la devastación que reina en unas de las haciendas más prósperas del Caribe, en cuyas extensas praderas donde había pastado el ganado y en la que solo quedan lúgubres pantanos donde ni los reptiles quieren morar.

Todo comenzó el día en que los padres de Pupo Villa llegaron a la gran hacienda del turco Said. Por esos tiempos, Pupo Villa tenía ocho años, vestía pantaloncito corto y sandalias de plástico tan desgastadas que solo le alcanzaban para el llegar hasta la hacienda. Sin camisa y sudoroso por el largo viaje, Pupo marchaba detrás de sus padres con paso apresurado, protegiéndose la cabeza de la implacable canícula con unas ramas tiernas. Era consciente de la tragedia que se avecinaba y que marcaría por siempre su destino de niño despreciado e insatisfecho con su cuerpo y con su alma.

Sus padres, unos indios zenúes que aún hablaban una lengua de niños y que con dificultad se expresaban en el florido idioma de los cristianos, ayudados por señas y gestos y con las pocas palabras que se sabían, preguntaron por los dueños de la casa. Con los mismos gestos fueron conducidos a los ranchos hechos de palma donde a esa hora los trabajadores reposaban en sus hamacas después de la ardua jornada de trabajo, quienes con señas le mostraron al dueño, Said Kadaj, un inmigrante libanés que a esa hora alimentaba de su propia mano a los guacamayos y loros que él mismo había criado desde pichones, cuando su motosierra colonizadora los había dejado sin nidos y sin padres. Said. en un acto de reconciliación con su conciencia los había cuidado, aún sin plumas y día a día, con la misma dedicación y amor con que sus padres lo hubieran hecho, llenaba su boca con frutas masticadas que los polluelos devoraban introduciendo sus curvados picos en la boca del joven terrateniente. A los ya emplumados que revoloteaban por los árboles vecinos les decía en árabe que buscaran la selva y se fueran, ellos le contestaban con sus mismas palabras, pero en un árabe más refinado y con mejor pronunciación. El hombre era feliz porque eran ellos los únicos con quienes podía hablar la lengua de sus ancestros, pues sus hijos y su mujer preferían hablar en castellano. cuidado de sus padres. Así lo encontraron los padres de Pupo Villa esa tarde calurosa de abril.

Valerio Tovar Martinez

Said sintió el color y hasta el olor del sol en la piel cobriza de la pareja que temerosa se le acercó con más señas y gestos que palabras, le dijeron: «turco, te cambiamos al niño por una vaca parida; ya está grande y sabe trabajar. En un año te la paga y te queda todo el resto de su vida de ganancia». Said contempló al pequeño que juntaba sus manos y retorcía sus dedos en espera del veredicto que definiría el destino de su vida por siempre, lo vio esforzarse para contener el llanto, vio en sus ojos la inmensa tristeza de su suerte, lo vio dejar brotar una única lágrima que cayó con lentitud por sus mejillas quemadas por el sol, de color a tierra mojada que tienen los indios del Sinú. En medio de la alharaca de las aves se esforzó para decirles que era solo un niño, que aún debería estar al cuidado de ellos.

Valerio Tovar Martinez

"No llores…   se ve que no quieres quedarte", le dijo Said haciéndole una señal para que se acercara. Reconoció en sus ojos la mirada triste de sus loros huérfanos, sintió lástima por el niño que ansioso esperaba que su suerte costara menos que una vaca y no tuviera que quedarse en ese lugar donde no conocía a nadie.

«Se tiene que acostumbrar, turco», respondió la mujer sin mirarlo a los ojos, «tenemos más y si no te quedas con él se nos muere de hambre y también los otros que están más pequeños. Con la leche de la vaca les damos comida a los demás, ¡

"Ayúdanos, turco", le suplicó, mirándolo a los ojos por primera vez. Said vio en los suyos asustados la agonía de estar viva, se conmovió y haciéndoles una señal los invitó a que pasaran y escogieran la vaca de su agrado. Ante lo inevitable el niño se retorcía las manos llorando como lloran los que ya están cansados de tanto llorar, sin soltar lágrima.

Pupo Villa permaneció el resto de la tarde en el mismo sitio donde sus padres lo dejaron: las mujeres de la villa se le acercaron y trataron en vano de llevarlo a sus ranchos con sus hijos de la misma edad para que comiera algo y durmiera, El No solo se negó a comer, sino que se negó a ir a ninguna parte tanto que tuvieron que esperar Hasta tarde en la noche cuando vencido por el sueño y el cansancio lograron llevarlo al interior de un rancho y colocarlo en una hamaca. Vano intento; cuando su dolor de niño abandonado se hacía mayor al sueño, Pupo se despertaba con un llanto de perrito. Esa noche nadie fue feliz y todos se sintieron culpables de su sufrimiento de huérfano sabiendo que sus padres vivían.

Al día siguiente, los trabajadores lo condujeron muy temprano a los corrales de ordeño y le asignaron la tarea de vaciar los baldes con la leche en las cantinas de aluminio. Con el tiempo, Pupo aprendió a la perfección el oficio de ordeño de las vacas de la hacienda. Laborioso como ninguno de los jornaleros, comenzaba las tareas en los corrales desde la madrugada cuando los trabajadores escuchaban el bramido de los terneros al ser separados de las tetas de las vacas, y veían la luz del mechón de kerosene moverse en la penumbra; al despuntar el alba constataban que la faena de ordeño estaba terminada. Para esa época, Pupo era un joven de quince años que vivía de noche y dormía en el día. Caminaba un poco encorvado, quizá por la posición de ordeño, el pulgar de su mano derecha se había dislocado y se veía más grande y desproporcionado que los demás dedos dándole a su mano una apariencia de garra que podía abarcar la ubre de las vacas y realizar su trabajo con una facilidad increíble; los músculos de sus brazos se desarrollaron tanto que parecían raíces retorcidas que bajaban desde sus hombros hasta sus palmas llenas de callos, y la piel había tomado la textura escamosa que tienen los reptiles y el extraño color pardo oscuro de la piel de los sapos. Algunos decían que eran los efectos de la grasa de la leche que con el tiempo se cristaliza y no deja respirar la piel de la gente que lidia con el ganado. Finalmente, El barro y la boñiga de vaca de los corrales les habían dado a sus pies la misma apariencia de piel de sapo de sus manos y el dedo gordo se había separado de los demás para convertirse en una entidad individual con vida propia que se encargaba de anclarlo en el barro de los corrales cuando caminaba para desocupar la leche en las cantinas

Valerio Tovar Martinez

Pupo vivía solo en un rancho que él mismo construyó al final de los corrales; no le gustaba hablar con nadie y solo salía de vez en cuando a motilarse su frondosa cabellera de indio puro. Con el tiempo le pidió al peluquero que fuera a su rancho para no tener que salir y ser visto por la gente del caserío que lo miraba con curiosidad.

Nunca se interesó por mujer alguna y saciaba sus instintos de hombre con las terneras y las burras de los corrales. Muchas veces los trabajadores vieron en la penumbra la encorvada silueta moverse detrás de las burras y escucharon hondos gemidos de hombre satisfecho en medio del silencio de la noche. La gente dice que fue después, cuando era un hombre, que comenzaron sus encuentros con El Maligno, decían que eran los «niños en cruz» los que le daban la fuerza sobrenatural para hacer la faena de ordeño que a duras penas tres hombres podían realizar; decían que podían verlos moverse por sus brazos de arriba hacia abajo como pequeñas verrugas con vida propia que se desplazaban por la superficie de su piel y que algunas veces se internaban en lo profundo de sus carnes para volver a aparecer en el lugar menos esperado de la maraña de músculos que cubría sus brazos, y que lo vieron destrozar de un solo puñetazo los postes de los corrales y derribar a un toro por los cachos solo por el gusto de complacer el ímpetu incontenible de sus «Niños en Cruz».

Dicen que fue la noche anterior al primer muerto cuando pactó con el mismo Diablo la venta de su alma. Casi al amanecer, Pupo Villa recibió la visita de un hombre vestido de impecable traje de paño con camisa blanca de fina seda, rematada con unas exquisitas mancornas de oro puro que resplandecían en la noche. Sin asombro, Pupo contempló al refinado visitante que se presentaba, sin saber por dónde había llegado, lo miró de arriba abajo y se dio cuenta de que no tenía calzado porque sus pies terminaban en dos pezuñas que se enterraban en el barro y el estiércol de los corrales, se fijó que en el bolsillo del traje el aparecido lucía una rosa roja de agradable fragancia que invadía con su perfume los corrales donde había terminado su faena de ordeño. Estaban solos en medio de la noche refrescada por una leve brisa que llegaba por los lados del mar. —«¿Me esperabas?». «He escuchado tu llamado ». —le dijo el visitante.

«Es cierto., muchas veces he deseado tu presencia porque eres el único que puede sacarme de estos corrales y cambiar mi vida miserable… aunque tenga que darte a cambio lo único que tengo, mi alma, lo poco que queda de ella, porque esta vida que me que tocó vivir me ha quitado todo y aún no se si tenga alma como los demás» —le dijo Pupo sin dejar de mirar la rosa que adornaba el impecable vestido del Señor de la Noche.

«Tu alma me apetece pues en ella guardas el odio y el rencor que tu suerte ha alimentado desde niño y prefieres la venganza al perdón. Tienes la tierra y la semilla y solo tú puedes regarla para que engrandezcas mi nombre. Te daré riquezas y con ella poder, porque serán muchos los que se postren ante ti. Podrás salir de tu infierno, podrás conocer otros caminos y rebelarte contra mí, pero el último día serás mío.» y agregó. «

Con el oro podrás hacer lo que quieras, descifrar los secretos de la vida y apreciar la belleza o perderte en los laberintos de mis infiernos. ¿Sabes? En su mayoría, las almas que llegan a mí son las de los hombres que han permanecido en su ignorancia, atrapados por sus vicios, permitiendo que la vida les pase sin penas ni glorias, son ellos los que avergüenzan mi reino, me son fieles y sumisos pero degradan mis ímpetus y no entienden mis designios, más esos que toman la riqueza y el poder para engrandecer su conocimiento se convierten en mis mejores conversos, el conocimiento refuerza sus pasiones, por sus convicciones son capaces de matar en masa, destruyen todo aquello que les parezca contrario a mi creación, disfrutan con la tortura y son capaces de beber la sangre de sus contradictores, devoran a los amigos de sus enemigos, sus ansias de poder son insaciables y no se detienen ante nada ni nadie, solo ante mí el día que les toque por suerte venir a mi regazo. » Sin pausar en su ya larga retahíla, continuó - «Muchas veces, esos hombres ilustrados me superan con sus pasiones, y algunos se rebelan cuando los llamó al orden, pues desean ser más grandes y poderosos que yo, ¡de esos es que quiero que seas, Pupo, de los que me adoran y me sobrepasan, ¡y no de los ignorantes que solo me ofrecen sumisión! ¡Sé grande!, toma del árbol del conocimiento y jamás serás expulsado del paraíso, apodérate del conocimiento para que junto al mal que impulsa tu alma seas digno ante mi presencia, mal y conocimiento enaltecen a los que han perdido la inocencia, Por eso Pupo te invito a quedarte en mi paraíso. Son pocos los escogidos, por eso los más gigantescos árboles crean por millones las más minúsculas semillas, dotadas de mecanismos alados para que viajen impulsadas por los vientos que anteceden a las primeras lluvias, con la certeza de que solo muy pocas semillas lograrán germinar. Sé una de esas, Pupo, prospera y sé sabio para que engrandezcas mi reino. Observa mi hermoso corcel, es más altivo y hermoso que tú, pero es un instrumento ciego de mi voluntad, en cambio, tú, Pupo, estás en un estado superior porque tienes la opción de escoger el camino que mejor te parezca.»

El diablo acarició las finas crines doradas que caían sobre el cuello del animal que empezó a moverse al compás de una hermosa melodía que solo él podía escuchar. «No te defraudaré, mi Señor, el día que recibas mi alma será la de un hombre nuevo, haré con tu oro cosas maravillosas que te halaguen y te dignifiquen», respondió Pupo mientras observaba al hermoso caballo que resplandecía en la oscuridad cabeceando en respuesta a las caricias de su amo. «Eso espero, Pupo, pero recuerda que toda riqueza conseguida por bien o por mal tiene un precio que hay que pagar, si trabajas duro, con honestidad y esfuerzo, entregas a cambio tu salud y el tiempo que la naturaleza te dio para vivir, y si logras acumular riquezas y poder muchas veces tienes que recurrir al mal para conservarla y defenderte de los que quieren tener lo que con mucho esfuerzo has conseguido. El amarillo del oro y del fuego es mi color. Así como no es suficiente una vida para alcanzar la santidad, el mal necesita de muchas vidas para ser digno de estar a la diestra de mi presencia, recibirás riquezas y poder no solo para satisfacer los deseos de tu carne sino para propagar y magnificar el mal, cuando tu alma llegue a mi regazo sea digna de estar ante mi presencia. Muchas veces he tenido que regresar a este mundo a mis ángeles caídos para que se levanten triunfantes con otros cuerpos y otra apariencia para que propaguen el mal entre los hombres con sus actos y elocuencia salvadora, yo también tengo mis Mesías Pupo. Cuando reciba tu alma espero que sea digna de estar ante mi presencia y algún día seas mi instrumento para diseminar el odio, la venganza y el mal entre los hombres. solo así tendré para siempre mi infierno entre los vivos.»

«Sellemos este pacto» le dijo finalmente el diablo mientras retrocedía en su caballo para que Pupo pudiera observar la belleza de su figura. «Mírame bien Pupo, puedo tener la apariencia que se me antoje, pero ante los hombres debo presentarme así, a ellos los cautiva la belleza, la elegancia y la elocuencia, por eso estoy así ante ti, no hay mejor forma de ocultar la maldad que debajo de los finos ropajes y de los oportunos discursos que los convencen y conmueven… lo único que no puedo ocultar son mis grotescas pezuñas, pero para eso se hicieron los estribos de fina plata que resplandecen en la noche, por eso estoy condenado a permanecer siempre montado en esta bestia irracional; aunque en mi cabeza broten las mejores ideas y pensamientos y de mi boca escuches los más enternecedores poemas siempre tengo que estar montado en esta bestia degradada que solo obedece a los impulsos de sus instintos y a la irracionalidad de sus actos. Sigue mi ejemplo deja que todos te vean, así como yo, deja que escuchen tus inspiradores discursos, muéstrales la fina seda de tus vestidos, pero ocúltales tus repugnantes pezuñas bajo la fina plata de tus estribos.

Luego se acercó de nuevo a Pupo y colocó en sus manos la hermosa rosa roja que se marchitó en el acto exhalando el nauseabundo olor de la carne cuando se descompone. Luego se fue retirando en su hermoso corcel que marchó en reversa a trote acompasado permitiéndole a su amo seguir mirando a Pupo de frente hasta que jinete y caballo se fueron perdiendo en la espesa negrura de aquella noche sin estrellas y sin luna que sellaría por siempre el destino de un hombre que había vendido su alma.

Casi de inmediato empezaron a suceder león la hacienda de los turcos las menos imprevistas y absurdas muertes. El diablo en su malvada sabiduría sabía que para matar era mejor usar los instintos ciegos de los animales ya que sus almas elementales, aun sin de discernimiento, son fáciles de influenciar; su presencia les agregaría el complemento humano de matar por placer, de empecinarse con la víctima y reconfortarse con su dolor.

La primera muerte ocurrió una noche, fue la del turco Said —como era conocido en la región desde el primer día que llegó proveniente de la cercana Cartagena de Indias. Su historia era de todos conocida. Allí había desembarcado en busca de un mejor vivir muy lejos de su tierra, al otro lado del mundo. Se había casado sin amor en Santa Cruz de Lorica, siguiendo la antiquísima costumbre de los matrimonios arreglados de su gente, y llegó muy joven a la hacienda de sus suegros con el reto de ponerla a producir donde todo estaba por hacer. Con sus propias manos y las de sus trabajadores derribó la virgen selva que se extendía desde la ribera del río hasta las tierras cenagosas que morían en la falda de los cerros azulados, últimos vestigios de los imponentes andes que morían disminuidos cerca de las marismas del turbio mar de arboletes. Sembró extensos pastizales que con el tiempo fueron poblados por ganado y cultivó los terrenos cenagosos con arroz. En poco tiempo tuvo tanto dinero que le pagó a sus suegros, en efectivo y de un solo golpe, la tierra que le habían confiado; extendió las cercas de su propiedad comprándole a sus vecinos al doble de su valor real y tomó como suyas las tierras baldías que nadie se interesaba en explotar porque eran el refugio del jaguar que se escuchaba rugir a los lejos en las noches sin luna; hizo derribar uno a uno los gigantescos árboles que por miles de años habían sido el hogar de los monos aulladores, que en venganza incursionaban en bandadas de pandilleros y medio de una ensordecedora algarabía de proscritos envalentonados. tomaban por asalto las casas de los trabajadores saqueando todo lo que servía para comer, y ya fuera del alcance de los tiros de las escopetas, mostraban lo robado como trofeos de guerra. Así fue creciendo la hacienda de los turcos hasta hacerse la más grande y próspera de la región. En aquella tierra feroz, el turco se hizo construir un hermoso palacio de estilo republicano, fiel copia de las casas majestuosas del barrio de la Manga en Cartagena, con letras de cemento en la entrada que decían "Villa Zaida", el nombre de la mujer que había aprendido a amar en medio de los menesteres diarios de las parejas que se unen sin amor. Allí habían nacido sus dos hijos, Salmed y Samir, fruto del vientre bendito de la mujer que había recibido de manos de sus suegros cuando apenas era una niña, solo con el compromiso de hacerla feliz hasta el último día de su vida.

Valerio Tovar Martinez

Pupo Villa sabía que la única manera de hacerse a ella., era con la muerte de Said, a quien jamás se le había ocurrido vender la rica propiedad simplemente porque sabía que nadie en el país tenía el dinero suficiente para comprarla.

Habiéndose acostado temprano} como era su costumbre, Said despertó a eso de la media niche con ganas de orinar, Sentando en la cama, buscó a tientas las sandalias que siempre dejaba en el mismo lugar y al hacerlo palpó con sus dedos la fría y escamosa piel de un animal que reaccionó mordiéndole en el antebrazo. En un intento desesperado por saber qué lo atacaba, Said resbaló y cayó hacia adelante donde lo esperaba enroscada y en posición de ataque una enorme mapaná de dos metros que se ensañó con su víctima que trastabillaba en la penumbra tratando de huir del ataque incesante que parecía provenir de todos lados— y le propinó varias mordeduras precisas de espadachín en el pecho y los brazos desnudos. El animal se movía con la sevicia de un asesino impulsado por el odio, y dirigía con exactitud sus mordidas a los sitios del cuerpo donde las arterias y las venas están casi a flor de piel.

Atraídos por los gritos de espanto de Said, las mujeres del servicio acudieron presurosas a la habitación y lo encontraron revolcándose de dolor en medio de sus propios orines, tratando de alcanzar la puerta para salvarse del enemigo que aún continuaba atacándolo en la penumbra. Aterradas enfocaron sus linternas de mano sobre el cuerpo que ya había dejado de luchar y a su verdugo que se había cansado de matar; se sorprendieron al ver al animal que inmutable abandonaba su posición de ataque   y las miraba con furia resplandeciente si tuvieran luz propia, con una expresión de serena satisfacción, como mira alguien que odia y ha cumplido su amenaza. Así la vieron deslizarse bajo la puerta que daba hacia el patio y que Said había dejado entreabierta para apaciguar el calor de la noche.

Fue necesario la ayuda de algunos peones para trasladar el pesado cuerpo que se retorcía por el dolor, resbaladizo por los espumarajos verdes que brotaban de su boca y el sudor espeso con olor a carne podrida que brotaba de su piel. Lo sentaron en el   sillón de la sala y lo que más les llamó la atención fueron los puntos sangrantes en el cuello que empezaban a tomar el color vino tinto de la carne putrefacta; se asustaron al ver su lengua que salía y se escondía como si la culebra no solo le hubiera envenenado el cuerpo, sino que la malignidad del veneno se hubiera adueñado de su alma; sus manos crispadas, sus pupilas lineales adquirían la apariencia pavorosa de las culebras enfurecidas. El veneno que tenía en el cuerpo le estaba quitando la vida en medio de horribles espasmos y la muerte se hacía presente en el vómito de sangre maloliente que lo ahogaba.

Desde los corrales, Pupo Villa escuchó el llanto de las mujeres anunciando el final del primero y más viejo de los turcos. La muerte le despejaba el camino a su más grande sueño, ser el señor de la hacienda de los turcos.

El cuerpo de Said no adquirió la rigidez propia de la muerte, sino que se mantuvo flácido y empezaba a hincharse, y la piel se fue tornando de un extraño color oscuro, similar al vómito maloliente que le quitó el último hálito de vida, por lo que fue enterrado de prisa y sin mayor consideración por las mujeres del servicio que ayudaron a Zaida a envolverlo en una sábana blanca que pronto se manchó de los líquidos que brotaban de s cuerpo. Para dejarlo presentable ante la Parca, les tocó hacer maniobras de sastre y tuvieron que desistir del intento de que luciera sus propias ropas. Al final terminó solo con una camisa comprada de apuro, y sin pantalones ni zapatos porque su cuerpo adquirió dimensiones desproporcionadas, muy distintas a las de los muertos comunes.

Cerca de la hacienda vivía un curandero de mordeduras de serpientes famoso por haber curado a muchos con unos brebajes de hierbas que preparaba a la carrera por la urgencia que amerita la situación. Algunas veces, cuando el mordido vivía muy lejos y no daba tiempo para llegar, enviaba con el mismo mensajero un pañuelo que él mismo santiguaba, con la recomendación de amarrarlo en el sitio de la mordida mientras él llegaba en su burro, con su arsenal de hierbas y raíces para quedarse en casa de la víctima los días que fueran necesarios hasta que el peligro de muerte hubiera desaparecido

.

En sus años de curandero jamás había perdido a ninguno; por eso se alarmó cuando ya entrada la mañana llegó a la hacienda del difunto impulsado por la curiosidad de ver al único muerto por culebra que había visto en su vida; lo miró sorprendido, tocó su piel, hundió sus dedos en ella, vio su rostro de muerto que empezaba a tomar la forma de una masa inexpresiva con un color que cada vez se hacía más oscuro, tocó los dos puntos certeros del cuello que supuraban un líquido sanguinolento y recomendó que lo sepultaran lo más pronto posible porque Said tenía en su cuerpo el veneno suficiente para matar a diez caballos. Les dijo que la culebra había estado conjurada por largas noches en un prolongado letargo sin comer ni moverse, a la espera de mudar su piel, para que sus ganas de matar se intensificaran y su veneno se hiciera más espeso con su odio de animal rastrero; también dio instrucciones precisas del lugar donde se encontraba la madriguera del animal: «Eso sí, tengan mucho cuidado, porque el que lo mató fue la hembra y el macho debe estar cerca, es más grande y sabe más, pero ella está a la espera y preparada para emboscar a todo aquel que se atreva a acercarse», advirtió.

Valerio Tovar Martinez

Salmad, recibió el telegrama con la noticia de la muerte de su padre, al llegar a su casa del turno de la noche en el hospital de caridad de Cartagena de Indias donde cumplía su año de servicio médico gratuito para el Estado. Sin tiempo para preparar el viaje ni cambiarse su vestimenta de trabajo, salió presuroso en el primer autobús que encontró para tratar de llegar a tiempo y estar presente en el funeral; eran diez horas de camino lo que lo esperaba.

Desafortunadamente, pero cuando llegó, ya de noche, su padre ya había sido enterrado. Encontró a su madre imperturbable, sentada en uno de los sillones de la sala; cuando esta lo vio llegar, lo abrazó conmovida y entre sollozos, le dijo que un hombre de la grandeza de su padre no debía haber muerto como murió, revolcado en sus propios orines y martirizado por un animal rastrero. « No debió morir así y tan pronto, que la muerte es injusta con los hombres cuando están jóvenes, que al menos debería tener la gentileza de avisar cuando se los lleva » , le dijo entere gemidos. Se lamentaba de que él ya no estaría para cuando ella fuera viejita, y de que el destino la hubiera condenado a vivir sin él.

Poseída por el dolor, acarició los cabellos de su hijo con la misma ternura con que lo recibió el día en que lo parió, se fundieron en un abrazo interminable como buscándose el uno al otro y terminaron llorando juntos.

Salmed se quedó por unos días acompañando a su madre en su viudez. Habían acordado que la hacienda y los negocios de la familia no podían quedar en manos de Samir, el hermano díscolo que desde niño había mostrado ser un rebelde inmanejable que no ofrecía seguridad para reemplazar a su padre, y por ello le aconsejó contratar al más fiel y preparado de sus trabajadores para que se hiciera cargo de las tareas mientras él pensaba qué hacer con los destinos de la enorme heredad. Ese mismo día, Salmad ensilló el caballo de su padre y salió en compañía de los más antiguos trabajadores a recorrer los linderos de la hacienda.

Sabía que su destino no estaba ligado a esas tierras y que lo esperaban muchas noches de desvelo en las salas de urgencias de los hospitales de Cartagena donde pensaba quedarse para siempre para ser un médico de pobres en las barriadas de la ciudad. Con la rígida disciplina del claustro, había sido formado para que su vida tomara otros rumbos muy diferentes a la cría de ganado y la siembra de arroz.

Concebía el ejercicio de su profesión con el único propósito de servir al que sufre y no como una forma de hacer dinero, pues con la riqueza de su padre era suficiente para sobrevivir con dignidad el resto de su vida. Desde niño, su padre lo había internado en el colegio de seminaristas en los suburbios de la ciudad Montería para que recibiera la mejor educación religiosa. «Algún día tendrás tu propio hospital», le dijo su padre cuando supo que se había inclinado por el estudio de la medicina. En esto pensaba el joven mientras cabalgaba a paso lento por los inmensos pastizales que se perdían a lo lejos.

Las horas los llevaron al borde de la selva virgen donde rugía el leopardo y los monos aulladores preparaban sus incursiones de saqueo a las casas de la hacienda; pasaron junto a las ciénagas donde los manatíes se asoleaban en los barrancos, los vieron aparearse en medio de gemidos de amor muy similares a los humanos cuando el placer los domina y el jadeo quita las palabras, solo porque es más expresivo y es más elocuente. Bordearon los extensos arrozales que empezaban a despuntar con sus espigas doradas que prometían la mejor de las cosechas; visitaron los caseríos donde los trabajadores del arroz vivían en sus casas de tablas coronadas por techos de palma. Después de recorrer las extensas tierras donde su padre había sido feliz, ya al anochecer emprendieron el camino de regreso.

Salmad encabezaba el pequeño grupo de jinetes que regresaban cansados por la extenuante jornada. De repente, su caballo se espantó por algo que vio en el camino, se paró en dos patas y obedeciendo a sus instintos trató de huir despavorido de la amenaza que solo él podía ver. El desprevenido jinete trató de sostenerse sentado a su silla por unos instantes, pero fue mayor la impetuosa fuerza del animal encabritado, que lo expulsó haciéndolo volar por los aires, y al caer recibió el peso de su cuerpo sobre la cabeza. Solo se escuchó el «Ay, mi madre» que lanzó antes de caer frente a los otros jinetes que incrédulos ante el horror de lo que veían trataban de controlar sus asustados caballos

Los caballos tienen la extraña propiedad de ver en la noche presencias que nuestros ojos no pueden observar, pero a diferencia de los perros que se organizan para enfrentar esas visiones, los caballos reaccionan espantados y tienden a salir despavoridos y sin rumbo. En esta ocasión, entre relinchos y jalones de riendas buscaban deshacerse de sus jinetes que igualmente evitaban ser derribados con maniobras de acróbatas de circo, logrando apaciguarlos hasta que tenerlos bajo control; cuando esto ocurrió, lograron desmotar sus cabalgaduras y llegar hasta el dónde se hallaba Salmad aparentemente muerto. Asustados, sintieron la presencia de algo o de alguien que evidentemente se movía entre ellos que hacía que los caballos relincharan agitados despavoridos y buscando escapar del lugar. Curiosamente, los pájaros que a esa hora permanecían entre las ramas de los frondosos árboles que cubrían la zona, alzaron el vuelo precipitadamente u se perdieron en la oscuridad. El influjo maldito que se percibía era tan poderoso que hacía salir a las perdices de sus nidos, ladrar como lobos a los perros, a las gallinas correr espantadas de sus nidos y hasta a los loros decir palabrotas en árabe.

Pupo Villa disfrutó de aquel momento desde los corrales viendo la estampida de los pájaros y escuchando el aullido de los perros que temerosos y en clara posición defensiva permanecían distantes de la causa de sus miedos. Regocijado vio la escena de la llegada del cadáver de Salmed y el espantoso dolor de su madre, ya sin lágrimas para llorar tratando de borrar el gesto de espanto que había en el pálido rostro de su hijo ahora cadáver.

Por primera vez en su vida se sintió importante porque sabía que la hacienda sería suya inevitablemente, Una madre vencida por la muerte y destrozada por la fatalidad inevitablemente sucumbiría a su oferta de compra la majestuosa hacienda que siempre había deseado; sintió el fresco olor a rosas que despedía la ingrávida criatura que atormentaba a los perros y asustaba a los pájaros.

Al siguiente día, antes del entierro de su hijo, Zaida dio la orden de colgar un letrero en el pórtico anunciando la venta de la propiedad; sabía que no podía dejar el cuidado de la hacienda en manos de su hijo menor, un loco que en poco tiempo despilfarraría el patrimonio familiar. La pérdida de Said y de Salmed la había convencido de que ese lugar era maldito y que lo mejor que debía hacer era ponerse a salvo de la muerte que se había empecinado en acabar con los hombres de su vida.

Al día siguiente del letrero capitular, Pupo Villa llegó a caballo en compañía de un extraño que no quiso desmontarse y prefirió no pasar de los jardines que rodeaban la casa permaneciendo oculto tras de unos matorros; el extraño personaje levaba el rostro cubierto por un sombrero de fieltro que solo dejaba ver su barbilla; iba vestido de impecable traje negro con una rosa roja en la solapa y sus pies permanecían en los estribos, ocultando las pezuñas. Detrás de su caballo, un hermoso animal que se movía inquieto como si danzara al ritmo de una bella melodía que solo él podía escuchar, había una mula cargada con pesadas alforjas.

«Niña Zaida venimos por lo del letrero», gritó Pupo, «aquí tenemos diez alforjas que contienen en lingotes de oro cuatro veces el valor de la hacienda y todo lo que hay en ella», dijo, a la vista de todos los que a esa hora habían venido a expresar sus condolencias.

Valerio Tovar Martinez

Zaida salió a la terraza para ver mejor al extraño comprador que permanecía impasible en su caballo sin dejar ver su rostro. En ese momento apareció Samir: «Madre, tú sabes que yo soy el único dueño de la hacienda», exclamó al tiempo que le gritaba a Pupo. «Dile a tu patrón — que se meta su oro por el culo, porque esta hacienda no está en venta, y solo por sobre mi cadáver permitiré que la tierra de mi padre pase a manos extrañas» concluyó.

Nacido por los tiempos cuando Pupo Villa había llegado a la casa, sus padres habían permitido que a pocos días de nacido las mujeres del servicio fueran sus nodrizas ya que los pechos de su madre se inflamaron y ni pudo amamantarlo. Fue así como terminó de teta en teta y disputado por sus nodrizas así no tuvieran leche, lo hacían solo por el placer de ser tocadas por sus deditos de niño juguetón hasta cuando sus argucias perdieron su gracia ante los filosos dientes que lo delataron como infante pasado de tiempo para ser amamantado, y le tocó resignarse y conformarse con la suerte de ser destetado. Así pasó sus primeros años al lado de sus madres prestadas y de sus hermanos de leche, a quienes, con el tiempo, reconoció como propios. Jamás aprendió a hablar árabe a pesar de los esfuerzos que hizo Said para que aprendiera su lengua; en vano trataron de corregir el rumbo y, en cambio, se encontraron con un pequeño rebelde que nunca se sometió.

Se dormía al ritmo de la música vallenato y cuando despertaba, buscaba con desespero los rostros morenos de sus madres alquiladas. Con el tiempo entendió que las canciones con que lo arrullaban no solo eran útiles para dormir muchachos inquietos, sino que acompañadas con acordeón, caja y guacharaca servían para alegrar la vida de los hombres, entonces, aprendió con rapidez las artes musicales de los trabajadores y más tarde llego a superarlos.

A sus diez años ya era un maestro con el acordeón, y los fines de semana se escapaba de la casa para interpretar sus canciones en parrandas clandestinas con los trabajadores de su hacienda. Muy pronto también aprendió a tomar ron blanco a pico de botella, con el falso pretexto de afinar la voz y agilizar los dedos, hasta convertirse en un prematuro borrachín de parranda que desafiaba la disciplina de tirano de su padre. No fueron suficientes los correazos de Said cuando se dio cuenta de que había que corregirlo pues su talante de parrandero nada tenía que ver con la estirpe visionaria y emprendedora a la que pertenecía; entonces, en un intento por alejarlo del ambiente de perdición, lo envió al colegio seminario de ambiente monacal de los curas jesuitas en Montería, en donde su hermano estudiaba con todos los honores de discípulo dedicado.

Samir llegó en compañía de su padre a la oficina del rector, un cura de cuarenta años, experto homeópata y alquimista que estaba convencido de que Dios no solo el descrito en la Biblia, sino que su naturaleza transcendía toda escritura revelada, y que era el Universo mismo y su presencia estaba en la belleza de la naturaleza, los recibió con cortesía y calidez como era su costumbre y se comprometió con su preocupado padre a encarrilarlo por los caminos de las buenas costumbres y el saber.

Samir se integró rápidamente al ritmo de vida de sus compañeros y logró convertirse en el mejor alumno en literatura ganándose la admiración de sus profesores porque declamaba los versos tristes de Porfirio Barba Jacob. También estaba convencido de que las canciones vallenatos eran elegías compuestas por poetas rurales con más riqueza literaria y belleza que toda la poesía latinoamericana junta, y no se explicaba cómo campesinos que jamás habían asistido a una escuela, podían escribir versos con más armonía y refinamiento que los poetas del Siglo de Oro.

Ante la negativa de su padre y de la rectoría para que tuviera con él su inseparable acordeón, se tuvo que conformar con una armónica que tocaba en las noches cuando le arrancaba las mejores notas tratando de ponerle melodía vallenato a los versos de Vargas Vila y a los extensos poemas del indio Duarte; para completar, le dio por componía canciones de amor durante las clases de matemáticas, ritmos que se le venían a la cabeza en medio de teoremas y ecuaciones. En vacaciones regresaba a la hacienda y lo primero que buscaba era su acordeón para volver a sus viejas andanzas de borracho sin remedio y organizaba parrandas interminables en los pueblos vecinos. Tenía las facciones de la gente de su raza, era hermoso y locuaz, lo acompañaba siempre un aire festivo y montaraz que fascinaba a las mujeres, que casi siempre terminaban rendidas a sus encantos de turco loco, como lo llamaban-

Fue por esos tiempos cuando empezaron a correr por la hacienda los rumores de que muchos de los niños que nacían en la región y que se distinguían por la nariz rectilínea de los iranios, eran frutos de sus andanzas entre las jóvenes de la región. También se decía que las madres se negaban a los ruegos de la abuela que les pedía que se condolieran de ella y le dejaran a sus críos y así corregir su error, que ella les daría despedidas con una vaca parida a manera de indemnización. Fue así como empezó a correr la fama que Samir pagaba sus polvos con las vacas paridas de la hacienda de su padre.

Samir, por su lado, en medio de sus borracheras, se jactaba que la vida era para vivirla, y que ellas eran las culpables por inquietas cuando ya vencido por los vapores del alcohol y dominado por el cansancio se quedaba dormido en las hamacas y ellas lo tomaban por asalto y se aprovechaban de sus dotes de macho. «Cuando llegues a viejita serás la única abuela con más de cien nietos de todos los colores, pero con tu misma cara», le decía a su madre a manera de consuelo.

Jamás logró graduarse de bachiller, pues sucumbió ante alas fórmulas matemáticas, a las ecuaciones de la física que nunca pudo interpretar, se perdió en los enlaces de la química, en las coordenadas del plano cartesiano y por más que les rogó a sus profesores para que le pasaran el año y le permitieran graduarse como todos sus compañeros, no logró conmoverlos. De nada sirvió la intervención de sus maestros de filosofía y literatura en las que siempre se distinguió; fueron en vano sus argumentos cuando, reunido con sus maestros, les pidió casi que de rodillas que lo graduaran, que a él no le servía el cerebro para las matemáticas, que le explicaran de qué le servía despejar una ecuación para encerrar su ganado, de qué le servían los enlaces covalentes al momento de tumbar un novillo para marcarlo, o álgebra. para pagar los jornales de sus trabajadores, o la teoría de conjuntos para seleccionar a los mejores sementales y mejorar la raza de sus toros.

Resignado a no poder gradarse de bachiller y con los mismos argumentos usados en su defensa, terminó entendiendo que para nada le serviría un cartón de bachiller si lo que le esperaba en la vida era criar las vacas de su padre y tocar las mejores canciones vallenatos en su acordeón.

Obviamente no asistió a la ceremonia de graduación, sino que esperó a sus compañeros graduados en «El

Vendaval», un bar cercano al seminario. Ese era el lugar donde se emborrachaban los viernes y terminaban dejando empeñados sus libros de química y física hasta que reunían el dinero adeudado, normalmente sustraído de las alcancías de sus padres.

Esa noche, Samir terminó bailando desnudo sobre una mesa luego de que dueño del bar, lo cerrara y solo quedaran los graduandos que se despedían de su vida escolar en medio del desorden y el desenfreno.

Entrado el año siguiente Samir mando a hacer al impresor del pueblo, un diploma de bachiller que colgó en la sala de la casa, al lado del de su hermano, solo que el suyo era más grande y llamativo porque el falsificador lo

Valerio Tovar Martinez

diseñó digno de un profesional de posgrado.

Decidido a criar toros bravos para las corralejas del Caribe, Samir se dedicó a comprar toretes resabiados que daban muestras de valentía; siguiendo las instrucciones de los conocedores en las artes de animales bravos, los reclutó en las tierras más alejadas de la hacienda para que no tuvieran contacto con ningún humano, solo él se les acercaba sin bajarse de su caballo. Cuando se dio cuenta de que entre ellos había uno de color amarillo con un lucero blanco en la frente, que no crecía como los demás y cuya talla no alcanzaría las dimensiones de los toros de corraleja, lo separó del grupo y lo llevó a corrales con el resto del ganado para ordeño; fue entonces cuando se dio cuenta que el animal se tragaba las flores silvestres que crecían en los arroyos, y trataba de pararse en dos patas para degustar las orquídeas que colgaban de los árboles y que parecía atraído por el perfume de los jancitos y los lirios montunos que lo hacían desviarse del camino ignorando los arreos de Samir. Curiosamente, las gentes de la región se maravillaban al verlo y lo colmaban de caricias y besos llamándolo el "El Chivo Mono" por su semejanza a los chivos que criaban en sus fincas. Hasta terminó de juguete adornado con cintas de regalos en sus astas, ramilletes de flores en vez de banderillas, y objeto de suertes de torero que le sacaban chiquilinas batidas con sus camisas floridas y con las cortinas de sus ventanas. Lo colmaban de besos y caricias y hasta simulaban estar muertos en la arena para que les lamiera con ternura la cara y desenmascarara la farsa de la muerte. El Chivo Mono vivió feliz como animal doméstico y juguete de las corralejas alegres en la hacienda de los turcos.

Por otros lados, los toros de Samir se hicieron famosos por su bravura en las corralejas de la región; su presencia garantizaba el éxito de las fiestas que se medía por la cantidad de muertos y heridos.

Samir, desde lo alto de su palco, veía a sus bestias envalentonadas por la puya inclemente del garrochero batirse con los espontáneos manteros que enloquecidos por el ron blanco se les atravesaban solo para caer ante las bestias que los embestían, sucumbiendo la mayoría de las veces ante el filo de los cachos; algunas veces eran levantados por los aires por la fuerza de la embestida mientras la enfurecida bestia esperaba la caída para arremeter de nuevo con calculada precisión hasta matar a su víctima con la elegancia con que solo lo hacen los toros bravos.

Pocos eran los que se salvaban de morir así-simulando estar muertos confiaban engañar a los toros que les resollaban en la cara sabiendo que si percibían el más ínfimo hálito de vida darían su último y definitivo golpe para castigar con cornadas certeras las mañas de manteros sin suerte que trataban de engañar a un toro marrullero que sabía de los trucos de toreros en muchas tardes de fiesta.

La gente, desde las tribunas, celebraba la muerte y la sangre en la arena, al ritmo alegre de las bandas de músicos, mientras abajo, en el ruedo. los hombres trataban se sacarle mantazos a las bestias para ser reconocidos como valientes en medio de la algarabía de los banderilleros, de los vendedores de refrescos en neveritas de icopor, de los que se disfrazan de mujeres con pelucas y vestidos de florecitas con tetas postizas rellenas de papel y sombrillas de colores usadas para confundir a los toros, de los garrocheros que desde sus caballos con lanzas terminadas en puntas de acero herían al toro en su lomo para despertar su bravura y que en medio del dolor arrasara sin piedad todo lo que encontrara a su paso.

Cuando salía a la plaza un toro con fama de asesino, los espectadores ricos soltaban al aire, desde los palcos, fajos de billetes de baja denominación para atraer en medio de la piñata a la gente que los esperaba siguiendo el curso del viento, y que en su afán por recogerlos era presa fácil del toro que, atento al río de la multitud, elegía al más torpe y distraído para levantarlo por los aires y luego revolcarlo en la arena, donde con sus diestros golpes de animal embravecido lo castigaba con sus cachos y con certeras puñaladas le abría el vientre dejando ver las entrañas del infortunado que algunas veces las podía recoger a la carrera, en la prisa de salir sin tripas pero vivo.

Fuera del escenario la fiesta tomaba otro un rumbo diferente: en medio de las mesas de frituras los heridos eran trasladados a la carrera por la multitud que los llevaba hasta los platones de las camionetas dispuestas por los municipios a manera de ambulancias para conducir a los heridos hasta las camas de urgencias, donde médicos y enfermeras los esperaban con agujas e hilos de sutura.

Los médicos, en el afán de atender de prisa a los heridos que llegaban por montones cuando los toros eran buenos, dejaban a sus enfermeras hacer las puntadas imprecisas en las heridas cuyas cicatrices quedarían por siempre y que serían mostradas con orgullo el resto de sus vidas, pues los acreditaban como sobrevivientes de las corralejas. Los muertos algunas veces viajaban junto a los vivos, solo que eran conducidos directamente a la morgue a la espera de ser reconocidos por los familiares o amigos.

En algunos casos las autoridades instalaban tiendas de campaña para atender a los heridos al lado de las mesas de fritos, de las ventas de ron, de las ventas de sombreros y artesanías, al lado de las carpas multicolores donde las putas corralejeras se acostaban en el suelo y a la carrera con los borrachos que cazaban en las cantinas antes de que se gastaran los pocos pesos que les quedaban en los bolsillos. Al llegar la noche, la fiesta continuaba en las cantinas y las plazas de los pueblos donde las bandas de músicos entonaban los porros alegres de María Varilla, en medio del fandango donde las mujeres bailaban con mazos de velas encendidas en las manos hasta que las primeras luces del día las sorprendían embriagadas de alegría y ron blanco. Al día siguiente, la fiesta continuaba y los manteros y banderilleros se encontraban con los cortejos de los muertos del día anterior que eran enterrados de prisa para que sus acompañantes pudieran regresar a tiempo y no perderse de la fiesta que los llamaba con la algarabía propia de los caribes cuando están felices.

Otros, los veteranos retirados, contemplaban estas escenas desde lejos; con sus cuerpos trazados por el filo de los cachos, s llenos de cicatrices mal suturadas, con la piel trazada por las hazañas de sus tardes de gloria en las corralejas del caribe, hombres que tarde a tarde se enfrentan a la muerte solo por el placer de escuchar sus nombres desde los palcos enloquecidos, eran sobrevivientes de las corralejas de la región que aún se burlaban con elegancia de toreros retirados de los danzantes de las calculadas arremetidas de los toros bravos.

Fue en esos tiempos cuando Samir tuvo la suerte de descubrir por accidente la bravura del legendario Chivo Mono. Sucedió el día que decidió marcar con su hierro al inofensivo animal que para entonces era el juguete preferido de los niños. Un peón lo condujo hacia los estrechos corrales donde el ganado recibía el hierro candente que lo identificaba como su propiedad. Al sentir hervir sus carnes, el toro se levantó despavorido y en un acto de destreza acrobática se deshizo de la cuerda que lo mantenía sujeto al poste del corral y sin darle tiempo al peón que lo sujetaba, lo alcanzó con una puntada certera en los muslos. Luego tomo posición para una nueva embestida dejando que su víctima le dejara ver su costillar desnudo. El ataque fue inmediato y calculado con asombrosa precisión; el infortunado trabajador fue lanzado contra la cerca de varetas donde fue rápidamente auxiliado por sus compañeros, que lograron halarlo por las piernas y brazos y retirarlo a tiempo antes de que el Chivo Mono lanzara su última y muy posible fatal arremetida.

Samir vio sorprendido la transformación del animal que atrapado en los corrales tenía en sus ojos la mirada desafiante y fría de los toros bravos; lo vio rodear los corrales buscando la manera de destrozar los postes para destruirlos y vengar su dolor; lo vio enterrar con rabia sus cachos entre la arena cubierta de sangre, como tratando de olfatear la presencia de su marcador. Fue entonces cuando le abrieron la puerta y salió de los corrales con el trote seguro y elegante que tienen los toros bravos en las corralejas.

Desde ese día y después de que todos vieron las profundas heridas causadas con el otrora manso y apacible animal al que ellos ponían papel de barrilete y amarraban cintas de colores en las tardes felices. los niños no querían acercársele, a pesar de que el Chivo Mono los buscaba para jugar, estos en cambio de darle caricias y manojos de flores para comer, lo miraban desde lejos con temor.

Valerio Tovar Martinez

Chivo Mono se estrenó en las fiestas de Santa cruz de Lorica. Samir, obedeciendo a sus instintos, lo dejó para cerrar la tarde, tenía el pálpito de que su pequeño toro se llenaría de gloria y fama esa tarde calurosa de febrero. El animal salió a la plaza que a esa hora estaba repleta de gente, y entre la multitud de manteros y espontáneos escogió a uno, lo siguió con la mirada mientras lo fue obligando a dirigirse al centro de plaza. Era un hombre disfrazado de mujer, con una sombrilla a manera de muleta que le mostraba desde lejos tratando de llamar su atención, sin darse cuenta de que entre todos había sido escogido para morir por la torpeza de sus movimientos, por sus zapatos de mujer y por la sombrilla que le impedía desplazarse con soltura.

Con movimientos circulares, fue separándolo poco a poco de la multitud sin quitarle la vista de encima, y cuando lo tuvo a su alcance preparó su magistral emboscada sin darle tiempo siquiera a protegerse con la sombrilla de colores. La primera cornada vino por la espalda. El hombre cayó sin soltar la sombrilla que en vano trataba de interponer entre él y la fiera calculadora que preparaba su segundo y último ataque. Fueron inútiles las maniobras distractoras de los manteros experimentados que trataban en vano de llamar la atención del asesino frío y calculador que iniciaba su historia con el primero de muchos muertos, un infortunado disfrazado de carnavalero que inútilmente trataba de quitarse a la muerte de encima con su sombrilla de colores.

Frente a los palcos repletos de espectadores y en medio del bullicio de las bandas de músicos, el Chivo Mono celebraba la elegancia empleada en el arte de matar, con el trote alegre de sus patas cortas, y parecía rendirse a la ovación del público. Reconoció a los niños entre los aplausos y la gritería de la gente, y se sintió a gusto con la serenidad del que se sabe triunfador. Había aprendido con los niños a evadir los pases engañosos de los manteros, a calcular con precisión sus mortales embestidas y a regocijarse cuando las multitudes aclamaban su nombre.

Fueron los mejores de tiempos de Samir. La fama de sus toros se extendió por todo el Caribe, no había fiesta de toros donde no fuera invitado, la presencia de sus fieras garantizaba el éxito de la barbarie porque eran muchos los muertos y los heridos; la sangre corría como corre el ron blanco entre la gente alborotada que gozaba enardecida por la bravura de los toros asesinos del turco Samir.

Valerio Tovar Martinez

En los meses de lluvias, cuando las fiestas de los santos patronos de los pueblos caían en el olvido y campesinos se entregaban de lleno a sus faenas agrícolas, las corralejas quedaban en el olvido; los toros recobraban vida en los pastizales y el Chivo Mono, trataba de recobrar la confianza de los niños y regresar a su vida de animal indefenso, toro doméstico gustador de flores.

Fue en los días siguientes al ofrecimiento de compra de la hacienda hecho por Pupo Villa, cuando, alertado por los niños, Samir se dio cuenta de que el Chivo Mono cojeaba y que su pezuña estaba invadida por gusanos que salían de sus patas a borbollones.

Ignorando las recomendaciones de sus trabajadores que trataban en vano de convencerlo de que no encerrara al animal: «Fíjese, patrón, que a él no le gusta que lo sometan y mucho menos que lo amarren», «Permita que los niños lo curen», «Mire que a ese animal se le mete el diablo cuando lo encierran», «Tenga cuidado, turco, porque se trata del Chivo Mono, que es uno en libertad y otro en los corrales, que cuando está amarrado se le olvidan los amigos y recobra los ímpetus asesinos de las corralejas».

Llevado por su arrogancia, Samir ordenó que enlazaran al animal y lo condujeran al corral, que él mismo lo curaría. que todos sin excepción eran unos maricas que todavía no habían aprendido a lidiar con los toros bravos. Él mismo, desde su caballo, en una maniobra casi teatral, lanzó su soga acertando en el primer intento, y con la maestría de los buenos vaqueros sometió al animal acortándole la distancia de la cuerda. Inmovilizaron al lado de la vareta amarrándolo por el cuello y por las patas traseras mientras el toro resollaba de espanto al sentirse vencido y en vano trataba de liberase de sus ataduras haciendo movimientos acompasados buscando arrancar de raíz los postes que sostenían los corrales. Samir entró al corral con una botella de creolina y una pluma de pavo para retirar uno a uno los pequeños carniceros que amenazaban con comerse vivo al Chivo Mono; con la habilidad de un cirujano introdujo el líquido en los orificios en carne viva donde se retorcía el hervidero de larvas entere los surcos de comején que habían labrado en el interior de los cascos del animal que se retorcía de dolor tratando inútilmente de liberarse; cuando se aseguró de que no había más gusanos pidió que le pasaran la jeringa con los antibióticos para concluir su tarea sanadora, introdujo la aguja en las nalgas del animal y en ese momento, al sentir sus carnes penetradas, obedeciendo a sus instintos, el Chivo Mono desarrolló la fuerza necesaria para arrancar con un solo impulso el madero que lo sujetaba de la cabeza; se sacudió y se deshizo de la soga y con movimientos rítmicos y calculados sacó sus patas traseras del nudo que lo inmovilizaba. Era su única oportunidad de seguir vivo. Por unos instantes bestia y hombre se miraron de frente; Samir lo miró a los ojos con la esperanza de que recordara que él era su dueño y compañero de tantas faenas. El toro lo miró como una presa fácil en la mitad de la arena, preparó su ataque con frialdad y se le fue acercando alternando movimientos laterales en un intento de tapar cualquier ruta de escape. Samir se preparó para morir y el toro para matar.

Recibió el primer ataque de frente, con las manos trato de quitárselo de encima y de sostenerlo por los cachos, pero el animal uso sus propias garras atrayéndolo hacia sí, Samir sintió la punzada y se dejó arrastrar, aunque tratando de enceguecer al animal lanzándole boñiga; pero el animal lo evitaba girando constantemente la cabeza. Cuando Samir se dio cuenta de que le era imposible escapar, se tendió en el barro fingiendo estar muerto, una táctica usada por los toreros cuando se sentían vencidos: recurrir al buen juicio de las bestias cuando ven que sus víctimas dejan de luchar por sus vidas. Pero el toro, en un acto de sevicia, se acercó al cuerpo que yacía boca abajo y le respiró en las orejas. Samir sintió el aire caliente y húmedo de su verdugo, y el animal sintió que aún había un hálito de vida en su cuerpo; se retiró unos metros para preparar su golpe final y de un golpe introdujo sus cuernos en el costillar desnudo buscando las entrañas del caído. Lo hizo las veces necesarias hasta sacar el último rescoldo de vida, luego, miró a su alrededor a la espera de otro infortunado.

Desde atrás de los corrales los trabajadores y los niños veían al animal enfurecido reclamar la presencia de los espectadores para continuar su matanza de toro bravo; tratando de evitarlo, abrieron la puerta del corral y con palos y piedras ahuyentaron a la bestia que aún continuaba al lado del cuerpo sin vida del último de los turcos.

Lo sacaron de los corrales y lo acostaron sobre el mesón de carnicero donde se destazaban los cerdos, retiraron el estiércol y el barro que cubría los rastros mortales de Samir, y se dieron cuenta de que era cierto que el cacho de los toros cauteriza las heridas impidiendo que la sangre fluya como debería ser. Las mujeres le lavaron la cara con ternura como lo hacían cuando llegaba a sus casas borracho y vomitando; peinaron sus barbas de profeta y mojaron con sus lágrimas la cara del hijo prestado que se peleaban por amamantar cuando su madre enfermó de mal de pechos; siguieron con sus dedos el rastro maldito de los cachos que despedazaron por igual las carnes y los huesos del turco amado que se había criado en las casas de la servidumbre comiendo en sus mismas ollas y durmiendo en sus camas, lejos de la cantaleta eterna de sus padres que en vano trataban de imponerle su talante beduino. Cuando estuvo presentable, lo llevaron a su consternada madre.

Ella, sin lágrimas que derramar y con el corazón endurecido por la pérdida fatal y repentina del último de sus hombres, inmutable ante el dolor, silenciada por el desastre repentino de su suerte y sin el más mínimo interés de seguir viviendo, les permitió vestirlo con sus ropas floridas de acordeonero y velarlo en sus casas porque sabía que era más hijo de ellas que suyo. Sentada en su sillón imperial de viuda y madre derrotada, les dijo con voz apagada: «Díganle a Pupo Villa que lo espero con sus alforjas».

Esa misma noche, Pupo Villa llegó a la casa en compañía del extraño hombre que lo acompañaba siempre como si fuera su sombra. Con un fuerte movimiento de su mano tiró de las riendas de la mula cargada con las alforjas. Repletas de lingotes de oro, resplandecían con luz propia ante la vista de los asombrados presentes que observaban el valioso descargue. «Niña Zaida, aquí tiene su pago. Y arregle el traspaso inmediato a mi nombre». Cuando terminó de descargar la pesada carga de la mula, todos se dieron cuenta de que el que el extraño acompañante ya no estaba y que la mula, liberada de su peso, seguía al trote el perfume que la rosa roja había dejado.

Pupo Villa asumió el control de la hacienda al día siguiente, aunque continuó viviendo, pero esta contrató a cinco ordeñadores para que hicieran el trabajo que él solo hacía, y convirtió la mansión republicana en depósito de fertilizantes y medicamentos veterinarios, y los finos tapetes persas en angarillas para los burros.

Las extensas cortinas traídas de la India terminaron en manos de los niños, como capotes de tauromaquia para las tardes festivas con el Chivo Mono; los finos muebles franceses ardieron como leña para calentar el nuevo hierro que el ganado de la hacienda llevaría; convirtió el refinado sillón francés donde Zaida había tratado de amamantar a sus hijos, en nido de pavos reales; las réplicas de Rembrandt que Said había comprado en París ardieron en fogatas nocturnas para espantar a los mosquitos; las hermosas acuarelas donde artistas cartageneros pintaron escenas de hermosos balcones coloniales llenos de flores colgantes sobre las estrechas calles transitadas por carretilleros y palanqueras, fueron desmontadas de sus marcos y terminaron en manos de los trabajadores como abanicos improvisados para sofocar el calor del medio día; el laúd árabe donde Zaida interpretaba los cantos persas de sus antepasados terminó, junto con su violín, en juguete con llantas en manos de los niños; los libros de alquimia escritos en árabe que Said trajo como reliquia sobreviviente de la hoguera de Tomás de Torquemada, sucumbieron al juicio inquisidor de Pupo Villa, en la pira de su ignorancia. Las hermosas estatuas romanas de tamaño natural que adornaban la entrada dándole a la casa un aire imperial, terminaron como relleno de la entrada de los huecos dejados por las lluvias; las enormes veraneras que se mantenían floridas todo el año y que la misma Zaida regaba por las tardes, fueron arrancadas de raíz y las materas convertidas en bebederos de burros y caballos.

Todo lo bello que había en la mansión fue retirado hasta que la casa quedó despojada de todo vestigio de su grandeza y adquirió un aspecto lugar desolado y lúgubre y desolado hundido en el barro de la ignorancia y alejado de la luz que era donde su belleza resplandecía.

Por su parte, Pupo Villa trató de cambiar su apariencia comprándose botas de vaquero con puntas de metal, pero le fue imposible caminar con ellas por los dedos desproporcionados que tenía, que se rebelaron ante la horma con vejigas de sangre, así que desistió rápidamente de andar calzado como charro mejicano y tuvo que conformarse con unas abarcas tres puntas que mandó a fabricar especialmente para él. Sin embargo, el dedo gordo de su pie no se dejó doblegar ante la nueva vida de rico que su dueño quería llevar. En cuanto al resto de su apariencia, Pupo cambió sus pantalones raídos cortos por overoles de albañil, compró suéteres livianos con mangas largas apretadas que le daban aspecto de loco metido en camisa de fuerza por lo que la gente comenzó a llamarlo "amansa loca". Nunca se le conoció mujer alguna porque no había perdido su vicio de copular con las burras y las terneras, y las pocas veces que lo hacía con una mujer, era en el "El Platanal", una casa de putas donde lo esperaba siempre la dueña, que era su preferida pese a lo desparramado de sus carnes vencidas por la gravedad. Las jóvenes damiselas del lugar no podían comprender su desprecio por ellas que se le ofrecían por menos de lo que le cobraba la fea y vieja dueña del burdel.

Pupo siguió viviendo de noche y durmiendo en el día, como en los tiempos de los corrales, y apenas salía a las cuatro de la madrugada para darles instrucciones a los trabajadores. Recibía a sus administradores y organizaba el manejo de la hacienda que había empezado a prosperar bajo la nueva administración; las vacas se reproducían con gran rapidez y los terneros crecían y engordaban en los pastizales; las gallinas y los pavos se multiplicaban y su dinero crecía en las bóvedas de los bancos locales que se peleaban entre si sus favores como más rico cliente de la tierra del Sinú.

Muchos decían que estaba loco, porque en las noches de patrullaje lo veían hablar solo y gesticular como si estuviera acompañado de alguien. Sospechaban, eso sí, que su compañía era extraño jinete que siempre lo acompañaba., Otros pensaba que tenía la visión de los animales nocturnos porque nunca llevaba consigo linternas para iluminar su camino. Fue entonces cuando comenzó a crecer el rumor de que su riqueza provenía de un pacto con el mismo Diablo que le compró su alma en lingotes de oro puro, y que por las noches tenía que rendirle cuentas a su patrón, que venía de los propios infiernos. Igual opinaban que las absurdas muertes de los turcos no fueron más que una trapisonda del Maligno para quitarlos del medio y abrirle en camino a Pupo Villa, que por eso vivía en la noche, porque en las sombras es que el mal mejor se mueve.

Al año de haber muerto Samir, desapareció el primer trabajador, y por más que lo buscaron jamás lo encontraron, tan solo su caballo a muchos kilómetros del camino que los trabajadores tomaban los sábados cuando iban al pueblo a emborracharse y acabar con el jornal de la semana. Lo que más intrigó a los vecinos fue haber encontrado el caballo a muchos kilómetros de su ruta como si algo lo hubiera espantado, porque para llegar al sitio había que saltar un barranco que solo un animal preso del miedo y sin jinete podía alcanzar. Reconstruyeron la ruta de espanto en un intento por encontrar el cuerpo del perdido, pero fueron inútiles sus esfuerzos, solo encontraron en la ruta una rosa roja que ya empezaba a marchitarse.

Al principio descartaron la posibilidad del robo, porque todos sabían que dejaba hasta el último peso en "El platanal" quedando debiendo el del polvo, que las putas aceptaban de mala gana esperar hasta el siguiente sábado.

Al año siguiente, por la misma época ocurrió algo similar: desapareció otro trabajador. Su mujer, la última que lo vio, afirmó que su marido se levantó de la hamaca en medio de la noche, y se vistió vestido como para una fiesta, y que por estar peleados esa noche no le había permitido dormir con ella, que pensó que era una represalia de marido ofendido para despertar sus celos. Lo cierto fue que jamás lo encontraron.

Valerio Tovar Martinez

Muchos pensaron que el infortunado se encontró el tigre de la montaña que cazaba en las noches, aunque hallaron rastros de sangre que condujeran a su madriguera donde están acostumbrado a comer; otros, que fueron los monos pendencieros que se habían organizado en sus tácticas de pandilleros para desquitarse de la gente por haber tumbado su selva ancestral.

Finalmente, la policía determinó que sin muerto no podían hacer nada concluyendo que muchas veces la gente se aburre de la vida que llevan y se van sin dejar rastro: otros se roban las mujeres ajenas y se pierden para siempre para que el marido burlado no pueda vengar la mácula perenne de hombre engañado. El hecho fue que cada año siguió desapareciendo un trabajador de la hacienda también en extrañas circunstancias, por lo que empezó a circular el rumor de que Pupo Villa pagaba con el alma y el cuerpo de sus jornaleros los intereses de su deuda con El Maligno.

Llevado por su avaricia, Pupo Villa, extendió los linderos de la hacienda más allá de la selva virgen, que hizo derribar dejando sin hogar a los monos aulladores que se desbandaron a buscar refugio en los cerros azulados donde el hacha del malvado hombre no podía llegar. En los límites de esta inmensidad crecieron villorrios de gente desposeída que trabajaba por cualquier cosa al servicio de un patrón que nunca conocieron porque solo vivía por las noches.

Pronto llegó el momento en que todo en la región era de Pupo Villa, hasta la virginidad de las hijas de los campesinos, que eran llevadas por sus propios padres hasta el rancho lúgubre del violador donde eran desfloradas a cambio de una vaca parida que el mismo Pupo seleccionaba de sus ordeños.

La vergonzosa virilidad de Pupo no duraría mucho tiempo después del pacto que había hecho, Pupo Villa se dio cuenta de que envejecía con más rapidez que otros tan jóvenes como él. Los achaques de viejo aparecieron con dolor prematuro de rodillas y de huesos, tanto que su v médico le recomendó que no durmiera más en hamacas porque su esqueleto se estaba curvando acentuando su ya jorobada figura. Así que Pupo intentó dormir en una cama siempre terminaba acuñando un montón de almohadas para acomodarse; pronto se dio por vencido y regresó a sus cortos sueños diurnos en su hamaca de siempre.

Alarmado por su estado, instaló un espejo de cuerpo entero para contemplarse mejor y constatar por sí mismo los estragos de su prematura vejez; aterrado, se vio a sí mismo por primera vez y se dio cuenta de que sus temores eran ciertos, que su figura decadente se hacía más decrepita cada día. Pensó que se trataba de una jugarreta del Maligno para acercar el día de su muerte y cobrar por anticipado la deuda pactada.

Espantado, quiso invocar al Señor de la Oscuridad para hacerle el justo reclamo por su situación. Aprovechó la noche en que debía entregarle a unos de sus trabajadores, que el mismo Pupo Villa seleccionaba con sumo cuidado. Sabía que el Diablo se inclinaba por las almas de los jóvenes sumidos en los vicios y la ignorancia, y pagaba para que se los trajeran de las barriadas donde abundaban las almas de aquellos que aún no habían encontrado propósito para sus vidas; pululaban en los billares, en las cantinas y en las esquinas a la espera de dar el zarpazo y despojar de sus pertenencias al primer desprevenido para venderlas por cualquier cosa y seguir alimentando sus vicios y sus vidas sin rumbo.

Atraídos por la promesa de los jugosos salarios y de que el trabajo no era duro, los jóvenes llegaban reclutados para el servicio de las tareas domésticas de la hacienda, donde el propio Pupo Villa los enseñaba a dormir en el día y a vivir —como él— de noche. Los instruía para seguir el rastro que dejaban los cuatreros cuando pelaban su ganado en medio de los potreros y con la ayuda de los perros seguían las huellas y olor que dejaba la carne recién sacrificada, identificaban los ranchos y a la noche siguiente incendiaban las casas con sus habitantes dentro para que la gente supiera que a Pupo Villa no lo robaba nadie.

Otras veces capturaban a los infortunados, los llevaban a sus casas y los descuartizaban vivos usando los mismos cortes de cuatreros y con sus mismos cuchillos de rateros los destazaban metiendo sus propias carnes en los sacos de fique que llevaban para transportar por pedazos el ganado robado, luego, los sacos eran expuestos en los caminos, donde todos los vieran, y sus cabezas retiradas unos metros para confundir a sus dolientes al momento de sepultarlos, para que no supieran qué saco correspondía a cada cabeza.

Al final los deudos elegían al azar los sacos y los enterraban siguiendo la prueba irrefutable de los rostros conocidos que llevarían sus nombres en cruces de palo en cementerios improvisados a las orillas de los caminos. Fue tanta la fama de Pupo Villa y sus muchachos sanguinarios que los ganaderos de la región se los pedían prestados para limpiar de cuatreros y bandoleros de los alrededores de sus haciendas.

Todos los años, siguiendo la rigurosidad del año lunar, Pupo Villa escogía al más sanguinario y despiadado de sus muchachos, y con engaños le hacía ensillar su mejor caballo, le decía que por su fidelidad y su insensibilidad ante el dolor ajeno se merecía servirle a un patrón que apreciara mejor sus ímpetus de carnicero despiadado, "que él valoraba mejor la esencia sanguinaria de su alma y recompensaba con oro la crueldad de sus actos". Luego le pedía que lo acompañara en la negrura de alguna noche sin luna y sin que el infeliz se diera cuenta, lo ofrendaba al Maligno a manera de pago de intereses por la deuda contraída. Cabalga bando solitario en medio de la penumbra, guiados solamente por el dulce aroma de la rosa en la solapa que se hacía más intenso, llegaban hasta una gran ceiba donde los esperaba el elegante hombre vestido con un fino traje de paño y camisa de seda, de apariencia solemne de señor de la noche, montado en su hermoso corcel inquieto y moviéndose con cortos pasos laterales.

"Gracias por tu ofrenda, Pupo, es digna de mi grandeza. Me halagas con tu buen gusto, se nota que has progresado y que eres el más fiel de mis servidores... Pero mi caballo se ha dado cuenta de que traes un reclamo, de que no estás a gusto con mi proceder. Dime qué te inquieta, Pupo"

—Me estoy poniendo viejo, ya mis carnes y mis huesos no son los mismos y siento que me has engañado y has faltado a tu palabra, que me quieres hacer viejo para cobrar tu deuda antes de tiempo y no permitirme disfrutar de mi riqueza y juventud.

—No, Pupo, te equivocas. Mi poder no llega hasta allá, tu cuerpo es un templo que debo respetar; tú mismo te estás acabando, no soy yo el que te impide dormir en la calma de los justos, eres tú con tu ambición que te impide vivir en el sosiego del que nada tiene, no conoces la felicidad del amado porque nunca has querido, has permitido que tu ignorancia —muy propia de mis súbditos— no sea agradable a mis ojos. No aprecias la belleza que existe en las pinceladas del artista que traza los contornos del cuerpo de su amada, no te conmueves cuando escuchas las notas tristes de un violín, no eres capaz de maravillarte cuando una flor se abre para regalarle a la luz sus mejores colores o cuando encuentras el amor plasmado en las líneas sublimes del poeta que le canta a la mujer que aún no conoce y espera con su alma henchida de amor. Jamás te ha interesado conocer cómo funciona la vida y cómo se sostiene. El infierno está lleno de personas como tú, que se acaban porque no encuentran belleza y gracia en sí mismos. No soy yo, eres tú quien ha decidido degradarse, al recibir tu alma quiero que sea la de un hombre engrandecida por conocimiento, que sea sensible ante la belleza, que se postre ante el mal y difunda el odio y la venganza: Yo solo te pido sumisión y adoración; cuando tu alma llegue a mi presencia quiero que sea la de un hombre digno de estar a mi diestra, como un ser que regresan en otros cuerpo a vivir otras vidas para seguir esparciendo la maldad en la tierra; son elocuentes y algunas veces sabios y tienen la propiedad de despertar el maligno embeleso en las masas que los siguen ciegamente hasta llenar con sangre y dolor la historia de los hombres. Algunas veces llegan hombres ilustrados que invocan mi nombre y me sirven, porque a pesar de su conocimiento sucumben a sus pasiones y desatan guerras y propagan su odio por la Tierra, pero no confío en ellos, Pupo. Muchas veces, estos seres se convierten en desertores de mi reino y al final son mis más grandes enemigos porque conocen mis gustos y secretos y sus ansias de poder superan a las mías hasta el punto de que ni yo mismo puedo controlarlos y sus almas arrogantes pueden regresar a tomar muchos cuerpos y vivir muchas vidas lejos de mi porque el mal también se perfecciona hasta alcanzar sus más altas proporciones. Por eso, mi apreciado Pupo, en la tierra viven diablos más malos que yo, ángeles caídos sin control que no conocen señor ante el cual inclinarse, tú me inspiras confianza. Me garantizas sumisión, pero no avanzas, te dedicas acumular riquezas más y más y te olvidas de que en la vida hay otros placeres que no se obtienen con el oro.

» Puedo comprar tu alma, pero no puedo cambiarte, mi poder no llega hasta allá. Puedo ordenarle a una serpiente matar a quien yo quiera, puedo transfigurarme y asustar a un caballo para que desnuque a su jinete, puedo meterme dentro de un toro y conducirlo para que mate con frialdad, pero el alma de los hombres es indomable y la arrogancia los convierte en seres llenos de soberbia hasta el punto de que ni ellos mismos se pueden conducir.

Pupo Villa escuchó en silencio, y, luego, con una seña le indicó al muchacho que imperturbable permanecía a su lado, que se desmontara y se montara en las ancas del caballo de su nuevo señor. El hombre de impecable vestido le dio la mano al muchacho sin dejar ver las pezuñas que ocultaba debajo de los estribos de plata y oro, y antes de emprender el galope le dio a Pupo la rosa que llevaba prendida en la solapa que se marchitó al contacto con su mano.

En vano Pupo trató de educarse para ser digno de su Señor. Compró pinturas de los más renombrados artistas de la época, las llevó a su rancho, las colgó de los arcones para interpretar su belleza en sus noches de desvelo, pero no encontró gracia en sus pinceladas ni razón para conservarlas; terminaron almacenadas juntos a los bultos de comida para cerdos. En un intento por interpretar el conocimiento, compró libros que no pudo leer y abandonó la tarea sin haberla comenzado. No encontraba belleza en nada ni en nadie. Nunca conoció el amor porque jamás le enseñaron a amar; solo vivía impulsado por el deseo de morirse pronto.

Se miraba repetidas veces en su espejo y no se reconocía a sí mismo; buscó en el interior de su alma vendida, rastros de grandeza y solo halló el pantano putrefacto de su odio perenne; trató de encontrar el menor rescoldo de amor y piedad en su corazón y solo vio el veneno viscoso que lo consumía lentamente.

Cuentan que Pupo se acabó de viejo en medio de la agonía de no poder morirse; que las fístulas anales no le permitían expulsar sus propias desgracias; que su carne se llenó de llagas que atraían enjambres de moscas que amenazaban con devorarlo vivo. Pedía a gritos morirse, pero sus Niños en Cruz se lo impedían hasta tanto no los pasara a un heredero que libremente aceptara la presencia maligna que se movía entre sus brazos, como si presintieran que la muerte estaba cerca y tenían que abandonar a ese cuerpo que se pudría en vida y no podía descansar en la paz de los muertos. Al fin, uno de sus muchachos reclutados en la esquina se condolió de su tragedia y aceptó llevar en sus brazos la pérfida presencia de Los Niños En Cruz.

Después de su muerte sin herederos, sus trabajadores emprendieron la búsqueda del oro maldito de Pupo Villa y cavaron desesperadamente debajo de la hamaca donde dormía creyendo firmemente que allí enterraba en tinajas de barro sus lingotes de oro puro. Solo dieron con un talismán hecho de huesos tiernos para contener la furia de los Niños en Cruz. Luego saquearon el depósito de materiales pero solo hallaron las pinturas de palanqueras risueñas vendiendo alegrías con coco y anís; rompieron los pisos en el sitio donde la culebra mañana mató a colmillo limpio a Said; derribaron con motosierras la gigantesca ceiba donde Pupo le entregaba las almas de sus muchachos a la Bestia de la Noche; hicieron huecos con maquinaria de excavación y solo descubrieron los esqueletos petrificados de dos manatíes que la muerte sorprendió cuando se apareaban, pero jamás encontraron algo de valor enterrado -y de las cuentas bancarias , todos estaban cerradas y gran parte del ganado había sido vendido. Nadie se explicaba a donde fue a parar tanta riqueza. Algunos dicen que tal vez llegó a manos de otro pactante para repetir la historia de Pupo Villa.

Hoy, por el frente a la hacienda de Pupo Villa pasa una moderna autopista donde cada año, siguiendo los meses lunares, ocurren fatídicos e inexplicables accidentes de tránsito. La gente dice que no es más que Pupo Villa pagando los intereses de su pesada deuda.

9 789584 935984